Die Weisheit der Torah im Mutterleib

Hildegard Schneider
Dr. med. Stephan Bauer

Die Weisheit der Torah
im Mutterleib

© 2011
media!worldwidewings
Bücher, Musik und NetTravel
Am Eichwald 17
61231 Bad Nauheim
www.worldwidewings.de
E-Mail: media@worldwidewings.de

Die Bibelzitate wurden, wenn nicht anders angegeben, aus folgenden Quellen entnommen:

Das Jüdische Neue Testament. Eine Übersetzung des Neuen Testaments, die seiner jüdischen Herkunft Rechnung trägt. Von David H. Stern. Stuttgart: Hänssler, 1994.

Elberfelder Studienbibel mit Sprachschlüssel. Altes und Neues Testament. Revidierte Fassung, R. Brockhaus Verlag Wuppertal, 1994/2001.

Thompson Studienbibel. Bibeltext nach der Übersetzung Martin Luthers. Altes und Neues Testament. Revidierte Fassung von 1984. Hänssler-Verlag Neuhausen-Stuttgart,1986.

The Holy Bible. New King James Version. International Bible Societ, 1980.

Lektorat: Johanna Müller
Cover: Alessandro Schneider
Coverfoto: http://deutsch.istockphoto.com
Satz: type & print, Nürnberg
Druck: ARKA, Cieszyn, Polen

ISBN/EAN: 978-3-9812211-8-3
Bestell-Nr. 889088

Dank

Wenn der Schöpfer Leben hervorbringt, dann vollzieht sich dies stets nach einem detaillierten Plan. Genauso wie durch die Vereinigung von Vater und Mutter Frucht heranwächst, wächst Leben auch aus der Begegnung mit Ihm zu den von Ihm festgelegten Zeiten. Ähnlich war es mit der Entstehung dieses Buches. Dadurch, dass Er die Wege der beiden Autoren sich kreuzen ließ, erwuchs eine gegenseitig erbauende Zusammenarbeit, ein gegenseitiges Entwickeln, Aus- und Überarbeiten der ersten Entwürfe dieses Buches bis zu seiner Fertigstellung. Somit möchten wir als allererstes Ihm von Herzen Danke sagen für das Geschenk der Begegnung und all dem daraus bisher schon erwachsenen Segen. Gelobt sei Er!

Von Herzen dankbar sind wir ebenfalls für die von Ihm geschenkten Erkenntnisse und spannenden Offenbarungen, auf die wir bei der Erarbeitung des Manuskriptes stießen.

Weiterhin gilt unser Dank Dr. Wolfgang Furch, langjähriger Chefarzt der Frauenklinik am Städtischen Krankenhaus Bad Nauheim und ehemals I. Vorsitzender von Pro Vita, Freikirchliche Initiative für das Leben, Hannover, der so freundlich war, die medizinische Seite des Manuskripts zu prüfen und wertvolle Anregungen zu geben. Dank schulden wir auch Gunter Zimmer, der sich in das Manuskript vertieft hat. Großen Dank auch an Johanna Müller, die das Manuskript und die Fahne sorgfältig Korrektur gelesen hat.

Verwendete Begriffe

Am Ende des Buches befindet sich eine Gliederung der Tenach mit den hebräischen Bezeichnungen.

Die Bibelzitate aus der Brit Chadaschah sind der Bibelübertragung von David H. Stern „Das Neue Jüdische Testament" entnommen. Die Zitate aus der Tenach stammen aus der Thompson Studienbibel. Alle englischsprachigen Zitate sind aus der King James Version.

Für Gott wurde der Name YHWH, den Er Mose geoffenbart hat, verwendet: „Mose sprach zu Gott: Siehe, wenn ich zu den Israeliten komme und spreche zu ihnen: Der Gott eurer Väter hat mich zu euch gesandt! Und sie mir sagen werden: Wie ist sein Name?, was soll ich ihnen sagen? Gott sprach zu Mose: Ich werde sein, der ich sein werde. Und sprach: So sollst du zu den Israeliten sagen: ,Ich werde sein', der hat mich zu euch gesandt" (2. Mose 3,13-14). Der Name YHWH kommt in der Tenach nach F. Brown, S. R. Driver und Ch. A. Briggs 6.823 Mal vor.[1] Für Jesus wurde Sein hebräischer Name „Yeshua" gewählt, der die tiefe Bedeutung Seines Namens offenbart: YHWH, der rettet; für den Heiligen Geist wurde ebenfalls das hebräische Wort „Ruach HaKodesch" gewählt.

Für das „Alte Testament" wurde der Begriff „Tenach" benutzt und für das „Neue Testament" ebenfalls die hebräische Bezeichnung „Brit Chadaschah".

Einige Wörter und Sätze innerhalb von Bibelzitaten wurden zur Betonung durch die Autoren mittels Fettdruck hervorgehoben. Eingeklammerte Worte innerhalb der Bibelzitate stammen von den Autoren.

Inhalt

I. Vorbemerkungen

„Was hat eine Schwangerschaft mit biblischen Festen zu tun?"
„Wozu brauchen wir diese Zusammenhänge?" „Was bringen mir
diese Erkenntnisse?"

Meine Antwort auf diese, für uns so nahe liegenden Fragen lautet: Es
geht um Anbetung. Ja, und zwar um eine Dimension von Anbetung,
die uns heute sehr weitgehend unbekannt geworden ist. Anbetung
ist nicht nur durch geistgewirkte Musik dieser innere Zustand von
Glück, Frieden und so einem kleinen Krümel Himmel in Herz und
Bauch … Klar, das ist Anbetung, aber eben nicht nur das. Was uns
heute nahezu völlig verloren gegangen ist, ist das Staunen über die
unergründliche Tiefe, Weisheit und göttliche Genialität Seines Wortes und damit Seiner selbst. Wo kommen wir Christen heute wirklich ins sprachlose Staunen in und über Seinem Wort? Wo verstum-
men wir im Angesicht Seiner Heiligen Schrift, weil Er uns Tiefen
offenbart, in die wir bisher nie und nimmer vorgedrungen sind? Es
sind ähnlich wie bei schönster Lobpreismusik prickelnde Momente,
wenn Er uns Menschen an die Hand nimmt und dann in die Tiefen
Seiner Schrift führt und somit einen kleinen Aspekt von Sich selbst
offenbart. Und dieses „Ins-anbetende-Staunen-Kommen" vor der

Größe unseres Gottes bewirkt einen Frieden, nach dem wir uns so sehr sehnen. Nicht mehr wir „machen" – sondern Er macht.

Klar, die hier offenbarten Zusammenhänge sind keine – vordergründig – seelsorgerlichen Antworten auf meine brennenden Probleme im Glaubensleben oder Beruf, in Gemeinde oder Familie. Insofern „bringen sie mir" auch keine Antworten auf Ebenen der Fragen, die ich aus meinem persönlichen Horizont stelle. Aber wenn wir es schaffen, uns selbst und unsere Probleme aus dem Brennpunkt unseres – geistlichen – Lebens zu nehmen – und Raum und Zeit schaffen, dass Er Sich tiefer offenbart, dann wird Er immer größer und herrlicher – und wir kommen dorthin, wo wir hingehören: Menschen, die vor Seiner Größe angstfrei anbeten und sich über ihren Gott freuen können. Und das ist einfach nur wohltuend.

Worum geht es konkret?
Im Kern geht es um offenbarte Parallelen zwischen den 280 Tagen einer menschlichen Schwangerschaft auf der einen Seite und auf der anderen Seite den exakt 280 Tagen des biblischen Festkalenders, der hier das Fest der Tempelweihe[1] mit einbezieht. Yeshua feierte das Fest der Tempelweihe, bei dem Er, wie in Johannes 10,22-23 erwähnt, im Tempel war. Er beachtete es also. Chanukka ist somit letztlich ein Fest, das in der Bibel verwurzelt ist. Chanukka hat eine wichtige Botschaft: Immer wenn Israel schwer bedrängt wurde, griff YHWH schließlich ein und als Erinnerung an Seine Wunder bekam das Volk ein neues Fest, wie auch in der Geschichte der Esther.

Legt man beide Zyklen nebeneinander, trifft man auf unglaubliche, teilweise auf den Tag exakte Parallelen. Gott schuf Seinen Festkalender und Gott schuf auch den Menschen als Sein Gegenüber. Somit geht es hier um die Entdeckung, welche Dinge Ihm bei zwei zentralen Elementen Seiner Schöpfung im Vordergrund standen.

Allein die Zahl 280 birgt schon interessante Details:
280 ist der Faktor aus 7 x 40. Die 7 steht für die 7 Tage der Schöpfung, also für Kreativität, Wachstum, Schaffen. Die 40 ist die Zahl, wie wir aus zahlreichen biblischen Beispielen wissen, die u. a. eine Zeit der Zubereitung und Reifung zum Ausdruck bringt. Beides nun zusammengenommen enthält den Schlüssel zur Entstehung des Lebens, sei es die menschliche Schwangerschaft oder sei es der Lebens-, Wachstums- oder Festezyklus, den Er Seinen Menschen gebot.

Eine letzte Vorbemerkung:
Sie werden auf den folgenden Seiten viele Dinge in vielleicht völlig neuen Zusammenhängen finden. Bevor Sie sich an die Lektüre machen, legen Sie bitte einen Grundsatz beiseite – und das ist: „Es gibt in allen Fragen nur eine korrekte Lehre." Wer so denkt, glaubt und lebt, verschließt sich der belebenden Weite Seines Wortes. Gottes Wort ist doch viel tiefer und weiter, als es eine von Menschen formulierte Lehre zu fassen in der Lage ist! Gut, es gibt Grundlagen, die sind eindeutig auch so gesagt, aber neben diesen gibt es unüberschaubar viele Dinge, die das Wort uns offenbart und die nebeneinander Platz finden. Jüdische Glaubensgeschwister gehen

davon aus, dass jeder Vers der Heiligen Schriften hundert verschiedene Auslegungen hat. Somit eine Bitte: Nehmen Sie Neues nicht als Bedrohung Ihrer geistlichen Erfahrung sondern als ergänzende Bereicherung an.

II. Grundlegendes

„Auf dich bin ich geworfen von Mutterleibe an, du bist mein Gott von meiner Mutter Schoß an" (Psalm 22,11).

YHWHs Beziehung zur Gebärmutter und zum Ungeborenen

In den Psalmen lesen wir nicht nur, dass YHWH der Schöpfer eines Menschen im Leib seiner Mutter ist, sondern dass Er den Prozess der Entstehung und des Wachstums des Lebens bis hin zur Geburt überwacht.

„Auf dich bin ich geworfen von Mutterleibe an, du bist mein Gott von meiner Mutter Schoß an" (Psalm 22,11).

„Auf dich habe ich mich verlassen von Mutterleib an; du hast mich aus meiner Mutter Leibe gezogen. Dich rühme ich immerdar" (Psalm 71,6).

„Denn du hast meine Nieren bereitet und hast mich gebildet im Mutterleibe. Ich danke dir dafür, dass ich wunderbar gemacht bin; wunderbar sind deine Werke; das erkennt meine Seele. Es war dir mein Gebein nicht verborgen, als ich im Verborgenen gemacht wurde, als ich gebildet wurde unten in der Erde. Deine Augen sahen mich, als ich noch nicht bereitet war, und alle Tage waren in dein Buch geschrieben, die noch werden sollten und von denen keiner da war. Aber wie schwer sind für mich, Gott, deine Gedanken! Wie ist ihre Summe so groß! Wollte ich sie aufzählen, so wären sie mehr als der Sand: Am Ende bin ich noch immer bei dir" (Psalm 139,13-16).

In den Propheten erfahren wir von einer göttlichen Beziehung in geistlicher Hinsicht zwischen Ungeborenen in der Gebärmutter und Ihm: Er beruft Ungeborene in Seinen Dienst, sondert sie aus und bestimmt, wozu sie gerufen sind.

„Hört mir zu, ihr Inseln, und ihr Völker in der Ferne, merket auf! Der HERR hat mich berufen von Mutterleibe an; er hat meines Namens gedacht, als ich noch im Schoß der Mutter war" (Jesaja 49,1).

„Ich kannte dich, ehe ich dich im Mutterleib bereitete, und sonderte dich aus, ehe du von der Mutter geboren wurdest, und bestellte dich zum Propheten für die Völker" (Jeremia 1,5).

„Er (Jakob) hat schon im Mutterleibe seinen Bruder betrogen und im Mannesalter mit Gott gekämpft" (Hosea 12,4).

Schriftgemäß ist ein Kind im Leib seiner Mutter gleichzusetzen mit menschlichem Leben und schon wertgeachtet von Seinem Schöpfer. Daraus folgt auch, dass vorsätzliches Töten eines Fötus[1] den Tatbestand eines Mordes erfüllt. Es ist noch nicht lange her, da glaubte man, das ungeborene Kind sei die meiste seiner Zeit im Mutterleib ein „unempfindliches, dumpfes, primitiv vegetierendes

Etwas, ein Zellklumpen"![2] Durch moderne Forschung mit Hilfe von Elektronenmikroskopen, von Ultraschall und Endoskopie haben wir in den letzten Jahren vieles über das bisher weithin unbekannte Leben des Ungeborenen erfahren. Diese erstaunlichen Erkenntnisse werfen ein völlig neues Licht auf die biblischen Aussagen der vorgeburtlichen Zeit. Viel früher als angenommen, entwickeln sich feine Strukturen und Fähigkeiten des Gehirns und entfalten sich die Sinne des Ungeborenen.

YHWH macht alles zu Seinem Zweck

„Der HERR macht alles zu seinem Zweck ..." lesen wir in Sprüche 16,4 und beinhaltet dies nicht, dass alles erschaffen worden ist, um Seine Herrlichkeit zu enthüllen? Für wen? Für diejenigen, die bereitet worden sind, Seine Offenbarungen aufzunehmen, auch als Vorschatten Seines kommenden Königreiches. Man könnte dies auch so ausdrücken, dass Sich YHWH in Seiner Schöpfung verborgen hat, damit der Mensch durch seine Wege und sein Handeln Ihn offenbar macht. Natürlich bedarf es dazu einer bewussten Entscheidung des Menschen, zu seinem Schöpfer zurückzukehren: „Ich glaube an Yeshua und mein Handeln wird durch den Gesetzgeber menschlichen Lebens bestimmt." Gesetzgeber? Das ist Er, der uns die Torah am Berg Sinai gegeben und uns beauftragt hat, in den Unterweisungen der Torah zu wandeln, durch sie unser Leben zu gestalten und dadurch in einen Lebensstil zu gelangen, der in Seinen Augen wirkliches Leben im eigentlichen Sinne ist.

Wer ist aber der Gesetzgeber? Der Gesetzgeber ist Yeshua: „Es wird das Zepter von Juda nicht weichen noch der Stab des Herrschers (lawgiver, siehe King James) von seinen Füßen, bis dass der Held komme, und ihm werden die Völker anhangen" (1. Mose 49,10). In Jakobus 4,12 wird dies bestätigt: „Es gibt nur einen Geber der Torah; er ist auch der Richter, mit der Macht zu erlösen und zu vernichten." Und wer ist unser Erlöser? Yeshua!

So hat YHWH Entwicklungsstadien und Geheimnisse auch in der Gebärmutter verborgen, die von Seinen Gesetzmäßigkeiten zeugen und Seine Ratschlüsse offenbaren. YHWH handelt nach dem „Prinzip der verborgenen Dinge". Wo lässt sich dieses Prinzip in Seinem Wort finden? In Sprüche 25,2 heißt es: „Es ist Gottes Ehre, eine Sache zu verbergen; aber der Könige Ehre ist es, eine Sache zu erforschen." In Jesaja 48, 6 und 8 lesen wir: „Von nun an lasse ich dich Neues hören und Verborgenes, das du nicht wusstest … Du hörtest es nicht und wusstest es auch nicht, und dein Ohr war damals nicht geöffnet." Und wozu verbirgt YHWH manche Dinge in Seinem Wort?

Das Wort „verbergen" heißt im Hebräischen „sātar"[1] und bedeutet „verbergen", aber auch sich „verstecken". YHWH hat Seine Geheimnisse sorgfältig verborgen für diejenigen, die nach Seinen Schätzen graben wollen. Er hat sie nach dem Muster, wie Kinder miteinander Versteck spielen, verborgen. Sie verstecken sich, um gefunden zu werden. Das ist auch die Absicht YHWHs, Seine Schätze zu verbergen, damit sie von uns gefunden werden. Wenn ein König seine

Schätze hinterlässt, dann sind das Schätze für seine Erben. Er hinterlässt sie nicht für jedermann, nicht für solche, die Missbrauch mit seinen kostbaren Schätzen treiben würden.

Yeshua bestätigte dieses „Prinzip der verborgenen Dinge" und sagte zu Seinen Jüngern darüber, wie wir in Markus 4, 11 und 12 nachlesen können:

> „Euch ist das Geheimnis des Reiches Gottes gegeben; doch denen draußen ist alles in Gleichnissen gegeben, so dass sie schauen und schauen, aber niemals sehen; hören und hören, aber niemals verstehen. Denn sonst könnten sie sich bekehren und Vergebung erlangen!"

Im 1. Korinther 2,6-8 lesen wir:

> „Doch es gibt eine Weisheit, die wir denen verkünden, die reif genug dafür sind. Das aber ist nicht die Weisheit dieser Welt oder der Führer dieser Welt, die vergehen. Im Gegenteil, wir predigen eine geheime Weisheit von Gott, die bis jetzt verborgen war, die uns jedoch nach dem Ratschluss Gottes, der schon vor dem Beginn der Geschichte beschlossen war, Herrlichkeit bringen sollte. Keiner der Führer dieser Welt hat sie verstanden; denn wenn sie es verstanden hätten, hätten sie den Herrn, aus dem diese Herrlichkeit fließt, nicht hingerichtet."

Wenn wir uns YHWH nahen, berühren wir den Strom dieser Herrlichkeit, und Er deckt uns in diesem Strom die verborgenen Tiefen auf: „Denn der Geist erforscht alle Dinge, auch die tiefsten Tiefen

Gottes." Menschen, die religiös sind, sind zumeist zufrieden und gesättigt mit und in einem religiösen System. Sie strecken sich persönlich nicht nach den Geheimnissen, die verborgen sind, aus. Diejenigen jedoch, die sich nach dem Strom Seiner Herrlichkeit ausstrecken, werden von dieser Herrlichkeit YHWHs umkleidet und in Sein Bild zurückverwandelt.

Alles hat seine Zeit

YHWH hat für alles eine bestimmte Zeit festgelegt (Prediger 3,1-15):

> „Ein jegliches hat seine Zeit, und alles Vorhaben unter dem Himmel hat seine Stunde: geboren werden hat seine Zeit, sterben hat seine Zeit; pflanzen hat seine Zeit, ausreißen, was gepflanzt ist, hat seine Zeit; töten hat seine Zeit, heilen hat seine Zeit; abbrechen hat seine Zeit, bauen hat seine Zeit; weinen hat seine Zeit, lachen hat seine Zeit; klagen hat seine Zeit, tanzen hat seine Zeit; Steine wegwerfen hat seine Zeit, Steine sammeln hat seine Zeit; behalten hat seine Zeit, wegwerfen hat seine Zeit; zerreißen hat seine Zeit, zunähen hat seine Zeit; schweigen hat seine Zeit, reden hat seine Zeit; lieben hat seine Zeit, hassen hat seine Zeit; Streit hat seine Zeit, Friede hat seine Zeit."

Es gibt im Wort YHWHs auch allgemeingültige Gesetze nach dem Prinzip von Ursache und Wirkung. Es sind universelle Grundsätze, die zu allen Zeiten und an allen Orten gelten. Wir können sie weder ignorieren noch kontrollieren. Zola Levitt[1] hat eine aufregende Entdeckung zwischen der Entwicklung menschlichen Lebens und den sieben Festen, die YHWH Mose am Berg Sinai gab, unter Einbeziehung des Festes der Tempelweihe, gemacht. Er war dabei ein Buch für junge Eltern zu schreiben und suchte einen Gynäkologen auf, um von ihm weitere Information über die Entwicklung menschlichen Lebens zu bekommen. Der Gynäkologe zeigte ihm eine Reihe von Fotos und deutete dabei auf das erste Foto (ein Ei und ein Sperma) und sagte: „Am 14. Tag des ersten Monats erscheint das Ei." Diese Aussage berührte sein jüdisches Denken, weil an diesem Tag Pessach gefeiert wird. Zola fiel der Sederteller ein, der auf dem Tisch seiner Familie an jeder Pessachfeier stand und auf dem sich u. a. ein Ei befand. Er begann mit einem Mal die Zusammenhänge zu verstehen. Der Arzt fuhr fort: „Das Ei muss innerhalb von 24 Stunden befruchtet werden oder es wird absterben." Das erinnerte Zola an das Fest der ungesäuerten Brote. Wir werden diese Zusammenhänge in den folgenden Kapiteln beleuchten. Aber auch andere Torah-Lehrer haben sich mit diesem Thema beschäftigt, wie beispielsweise Rabbi Ralph Messer. Er hat eine DVD-Lehrserie[2] zu diesem spannenden Thema herausgegeben.

Da Yeshua die Welt geschaffen hat, ist es ein bemerkenswerter Gedanke, dass sich der Kreislauf Seiner Feste, unter Einbeziehung des Festes der Tempelweihe, in dem Entstehungszyklus menschlichen Lebens wiederfindet. Ehe wir die Parallele zwischen Seinen Festen und dem Entstehen menschlichen Lebens untersuchen wollen, gehen wir den Fragen nach:

■ Hat Yeshua denn die Welt erschaffen? Und:
■ Was sagt der Kreislauf Seiner Feste aus?

Auch schauen wir uns an, was man unter „Torah" versteht, denn unser Buchtitel lautet ja „Die Weisheit der Torah in der Gebärmutter."

Yeshua, der Schöpfer von Himmel und Erde

In Psalm 33,6 erfahren wir, wodurch der Himmel erschaffen worden ist: „Der Himmel ist **durch das Wort** des HERRN (YHWH) gemacht und all sein Heer durch den Hauch seines Mundes." Und wer ist das Wort? Das Wort ist Yeshua: „**Das Wort wurde ein menschliches Wesen** und lebte bei uns, und wir sahen seine Schechinah[1], die Schechinah des einzigen Sohnes des Vaters, voller Gnade und Wahrheit" (Johannes 1,14).

Der Brief an die Kolosser 1, 15 bis 17 bestätigt, dass durch Yeshua alles erschaffen worden ist: „Er ist das sichtbare Bild des unsichtbaren Gottes. Er ist der Höchste über der ganzen Schöpfung, denn in Zusammenhang mit ihm wurden alle Dinge geschaffen – im Himmel und auf Erden, sichtbar und unsichtbar, ob Throne, Herrschaften, Herrscher oder Obrigkeiten – **sie alle wurden durch ihn** und **für ihn geschaffen.** Er war vor allen Dingen, und er hält alles zusammen."

Yeshua ist die sichtbare Seite des Vaters, durch den YHWH Seine Pläne zur Ausführung bringt: „Denn es gefiel Gott, die ganze Fülle seines Wesens in seinem Sohn lebendig werden zu lassen …" (Kolosser 1,19). Wir sind nach Seinem Bilde geschaffen: „Und Gott schuf den Menschen zu seinem Bilde, zum Bilde Gottes schuf er ihn; und schuf sie als Mann und Weib" (1. Mose 1,27). Wenn Yeshua, der die ganze Fülle YHWHs in Sich trägt, uns nach Seinem Bilde erschaffen hat, ist es naheliegend, dass Er auch die Fülle Seines Wesens in uns gelegt hat, weit mehr als wir möglicherweise bis jetzt entdeckt haben. Da die Feste Yeshuas Ausdruck Seines gesamten Werkes hier auf der Erde sind und von Seinem ersten und zweiten Kommen zeugen, ist es nicht verwunderlich, dass Er die Entstehung und Entwicklung menschlichen Lebens auf Seine „Feste" geeicht hat.

Wie sehr alles von Yeshua, der sichtbaren Seite YHWHs, zeugt, sei am ersten Schöpfungswort verdeutlicht: „Im Anfang schuf Gott Himmel und Erde" (1. Mose 1,1).

„Im Anfang war das Wort, und das Wort war bei Gott" (Johannes 1,1). Wir wollen näher untersuchen, welches Wort am Anfang bei Gott war. Der erste Satz im Hebräischen aus 1. Mose 1,1, der aus sieben Worten besteht, heißt: „Bereschit bara Elohim et HaScha-majim we'et Ha'Aretz." Beim Belassen von et würde dieser Satz übersetzt im Deutschen so aussehen: „Im Anfang schuf Gott et die Himmel und et die Erde." Das hebräische Wort et bilden die Buchstaben Aleph und Taw, also der erste und der letzte Buchstabe des hebräischen Alphabets. Das Wort et[2] ist im hebräischen Text von großer Bedeutung, und es stellt sich die Frage, was oder wer dieses Aleph und das Taw ist? In Offenbarung 1,8 sagt Yeshua zu Johannes, dass Er der Anfang und das Ende ist, übersetzt mit, „Ich bin das A und das O". Die Bibelübersetzer setzten hier in der griechischen Übersetzung die Anfangsbuchstaben von Alpha und Omega ein. Wir wissen aber, dass Yeshua jüdisch ist und dies nicht in griechischer

Sprache ausgedrückt hat. Er hat gesagt: Ich bin das Aleph und das Taw. Somit ist Yeshua mitten (!) im ersten Vers der Schrift bei der Schöpfung von Himmel und Erden unübersetzt, unsichtbar gegenwärtig!

Der Buchstabe Aleph hat im Paläohebräischen das Bild eines Ochsen und bedeutet „Kraft", „die Kraft von YHWH", das Taw steht im Paläohebräischen für „Zeichen", „Bund" und stellt ein Kreuz dar.

Welches ist die Botschaft, die in diesem Satz durch das erste Wort liegt? Das erste Wort „Am Anfang" heißt im Hebräischen „B'reishit".

B'reishit wird mit einem vergrößerten Beth geschrieben und dieses Beth bedeutet im Hebräischen „Haus".

Nimmt man nun von B'reishit den ersten und zweiten Buchstaben (b und r) kommt man zu dem hebräischen Wort „Bar", was „Sohn" bedeutet.

Die ersten beiden Buchstaben br sowie der letzte Buchstabe (Taw) führen zu „Brit", was „Bund" bedeutet (im Hebräischen werden keine Vokale geschrieben).

Trennt man von dem Wort „B'reishit" das Beth ab, kommt man zu dem hebräischen Wort „Reishit", was „der Anfang" oder „zuerst" bedeutet. Es hat auch die Bedeutung „für".

Die Gesamtbotschaft im allerersten Wort der Schrift ist, dass YHWH ein Haus für Seinen Sohn konzipiert hat, dass durch et, also Yeshua, ausgeführt worden ist mittels eines Bundes im Anfang oder durch den Anfang. Somit enthält also allein das erste Wort der Schrift eine exakte Zusammenfassung der kompletten Bibel.

Torah

Die Torah ist das Buch des Lebens und der Baum des Lebens. In Sprüche 3,1 und 18 lesen wir: „Mein Sohn, vergiss meine Weisung (Torah) nicht, und dein Herz behalte meine Gebote. ... Sie ist der Baum des Lebens allen, die sie ergreifen, und glücklich sind, die sie festhalten." Diejenigen, die sich an der Torah erfreuen, sind wie ein Baum gepflanzt an Wasserbächen: „Wohl dem, der nicht wandelt im Rat der Gottlosen noch tritt auf den Weg der Sünder noch sitzt, wo die Spötter sitzen, sondern hat Lust am Gesetz (Torah) des HERRN und sinnt über seinem Gesetz (Torah) Tag und Nacht! Der ist wie ein Baum, gepflanzt an den Wasserbächen, der seine Frucht bringt zu seiner Zeit, und seine Blätter verwelken nicht. Und was er macht, das gerät wohl" (Psalm 1,1-3).

Die Torah (Weisung, Belehrung, Gebot, hebr. tora, von der Wurzel jrh, „lehren") ist der erste und wichtigste Hauptteil der Tenach, den hebräischen Schriften. Sie besteht aus fünf Buchrollen, den fünf Büchern Mose (griechisch: Pentateuch). In einer weiteren Bedeutung bezeichnet Torah als pars pro toto die gesamte hebräische Bibel (Tenach), also die Torah im engeren Sinne, die Neviim (Prophetenbücher) und die Ketubim (Schriften), zusammengefasst Tenach.

Die Torah offenbart YHWHs Erwählung der Israeliten zum Volk Gottes, Seinen Rechtswillen und Seine Lebensordnungen. Sie erzählt von der Schöpfung und Urzeit, den Erzvätern, dem Auszug aus Ägypten, der Offenbarung Seiner Worte (Gebote) am Sinai und der Wanderung der Israeliten durch die Wüste bis zu ihrer Landnahme im gelobten Land Kanaan. In den Anfängen erklärt YHWH das Ende. Wenn wir das Ende verstehen wollen, müssen wir an den Anfang zurückkehren: „Ich habe von Anfang an verkündigt, was hernach kommen soll, und vorzeiten, was noch nicht geschehen ist" (Jesaja 46,11).

Mit Torah wird auch oft eine Torahrolle bezeichnet. Dies ist eine große Rolle aus Pergament, auf der die fünf Bücher Mose in hebräischen Buchstaben (ohne Vokale) von Hand aufgeschrieben sind. Torahrollen werden im Allgemeinen in der Synagoge aufbewahrt. In den Versammlungen, vor allem am Schabbat, aber auch an Feiertagen, wird in der Synagoge aus dieser Torahrolle gelesen.

Durch Seine Torah regelt YHWH die Beziehung zwischen Sich und Seinen Kindern, sowie unter Seinen Kindern. Er legt in ihr die Prinzipien für Zeit, Ernährung, Beziehungen, Sexualität und Finanzen dar. Seine Gesetze lehren den Unterschied zwischen „rein" und „unrein". Durch die Propheten, die YHWH eingesetzt hat, hat Er unermüdlich Sein Volk an Seine königliche Gesetzgebung erinnert. Recht und Gerechtigkeit des Königreiches ist in der Torah definiert! Die Torah beinhaltet die Bedingungen eines jüdischen Ehevertrages, der „Ketuba". Der erste Teil dieser Hochzeit, die Verlobung, zwischen YHWH und dem Volk Israel fand am Berg Sinai (auch „Berg Horeb") statt. Die Torah ist somit gleichzeitig Lehre, Bündnis, staatliche Verfassung und Ehevertrag. Da eine Ehe vor YHWH unauflösbar ist, ist auch dieser Bund zwischen YHWH und Israel unauflösbar. Wir erinnern uns, dass auch die Fremdlinge durch Yeshua in diesen Bund eingetreten sind.

Da YHWH sah, dass Sein Volk sich nicht an Seine Gesetzgebung hielt, die es auf Steintafeln empfangen hatte, kündigte Er ihnen durch Seine Propheten an, dass Er diesen Bund erneuern würde. Wie? Indem Er die Gesetze auf ihre Herzenstafeln schreiben würde. Tausende Jahre später kam der Ruach HaKodesch und schrieb die königliche Gesetzgebung, die Torah, mit Macht und Kraft auf Tafeln aus Fleisch: ihre Herzenstafeln! „Als sie das hörten, ging es ihnen durchs Herz", und das Volk fragte an Schawuot Petrus und die anderen Gesandten: „Brüder, was sollen wir tun?" (Apostelgeschichte 2,37). Petrus antwortete ihnen: „Wendet euch ab von der Sünde (Zielverfehlung, Torah-Übertretung), kehrt um zu Gott, und jeder von euch werde eingetaucht (Mikveh, Becken mit frischem Quellwasser) auf die Vollmacht von Jeschua, dem Messias in die Vergebung eurer Sünden, und ihr werdet die Gabe des Ruach HaKodesch erhalten! Denn die Verheißung gilt euch, euren Kindern und denen, die weit weg sind – so viele, wie Adonai, euer Gott, berufen mag!" (Apostelgeschichte 2,38 und 39). Durch die Gabe des Ruach HaKodesch würden sie durch Seine Kraft in der Lage sein, in der königlichen Torah zu wandeln. Diese Verheißung gilt ihnen und uns aus den Heidenvölkern, „denen, die weit weg sind", den wilden (außerhalb der königlichen Ordnung lebenden) Zweigen, die in den Ölbaum eingepfropft werden.

Yeshua war und ist die lebendige Torah. Sein Leben war die gelebte Torah in vollkommener Weise. Yeshua sagte: „Glaubt nicht, dass ich gekommen bin, die Torah oder die Propheten aufzuheben. Ich bin nicht gekommen aufzuheben, sondern zu ver**voll**ständigen"[1] (Matthäus 5,17). Was bedeutet nun „füllen", „erfüllen" oder „vervollständigen"? Yeshua erfüllte mit Seinem Leben die Prophetien wie sie in der Tenach vorhergesagt worden sind. Und das Erfüllen der Prophetien nimmt doch auch die Prophetien nicht hinweg. Das Gleiche gilt auch für die Torah. Yeshua erfüllte auf vollkommene Weise die Torah, etwas, was kein anderer je tun konnte. Yeshua bestätigt die Torah. Er sagt im Matthäusevangelium: „Ja, wahrhaftig! Ich sage euch, dass, bis Himmel und Erde vergehen, nicht ein Jud oder ein Strichelchen aus der Torah vergehen wird – nicht bis alles, was geschehen muss, geschehen ist. So wird, wer immer die geringste dieser Mizvot[2] missachtet und andere lehrt, sie zu missachten, der Geringste im Himmelreich sein. Wer ihnen aber gehorcht und auch andere dazu anhält, wird groß genannt werden im Himmelreich" (Matthäus 5,18-19).

Er lebte perfekt für die Torah und durch die Torah. Er ist die Torah. Wenn man die Torah liest, dann ist es hilfreich, in einem wohlverstandenen Sinne sie so zu lesen, dass man in den Weisungen und Lehren Yeshua erkennt, dass man hinter das Geschriebene auf den schaut, der durch Sein Leben die Worte zu Fleisch hat werden lassen.

Selbst das Wort „Torah" weist in der bildhaften Sprache auf Yeshua hin:
Der erste Buchstabe Taw bedeutet „Zeichen", „Kreuzeszeichen".

Der zweite Buchstabe Waw, der hier den Vokal o „trägt", bedeutet „Haken" oder „Nagel".

Res bedeutet „Kopf" (wie z. B. in Rosch Haschana, der Kopf des Jahres) und der letzte Buchstabe He bedeutet „Luftloch" oder „Offenbarung".

So kann das Wort „Torah" gedeutet werden: Ein Mann, der ans Kreuz genagelt ist, ist durch Offenbarung zu erkennen.

Torah und Gnade werden in falsch verstandener Weise oft als Gegensätze verstanden: Viele meinen, dass die Gesetze, die Mose aufgezeichnet hat, nur für die Israeliten gültig waren und mit dem Tod Yeshuas ihre Gültigkeit verloren haben. Für die Gläubigen im Erneuerten Bund haben sie somit keinerlei Bedeutung mehr. Als Untermauerung wird dann aus dem Römerbrief zitiert: „Denn die Sünde wird keine Vollmacht über euch haben; denn ihr steht nicht unter der Gesetzlichkeit, sondern unter der Gnade" (Römer 6,14). Wir stehen nicht mehr unter dem Gesetz der Sünde und des Todes, das ist richtig! Aber wir werden durch den Ruach HaKodesch in den geistlichen Raum des Lebens, in dem die Unterweisungen (Torah) gelten, geführt. Wenn wir diese Anweisungen beachten, werden wir im Raum des Lebens bleiben. Torah und Gnade gehören untrennbar zusammen und arbeiten Hand in Hand. „Weil alle gesündigt haben und das Lob YHWHs nicht verdienen können" (Römer 3,23), d. h. wir können nicht durch das Halten der Torah errettet werden. Damit ist jedoch nicht gesagt, dass YHWH Seine grundlegenden Vorstellungen bezüglich des Zusammenlebens geändert hat! Die in der Torah dargelegten Grundsätze zwischenmenschlichen Zusammenlebens sind heute genauso aktuell wie damals. Anders ist es mit den Gesetzen der mosaischen Opferriten. Unser Fleisch ist schwach und wir sind nicht in der Lage, die Torah in vollkommener Weise zu halten. Deswegen ist die Gnade so wichtig:

> „Denn was die Torah nicht selbst tun konnte, weil ihr die Macht fehlte, die alte Natur zur Mitwirkung zu bewegen, tat Gott, indem er seinen eigenen Sohn als einen Menschen mit einer Natur, die unserer eigenen, sündigen gleich war, sandte. Gott tat das, um die Sünde abzutun, und indem er es tat, vollstreckte er die Strafe gegen die Sünde in der menschlichen Natur, damit die gerechte Forderung der Torah erfüllt werde in uns, die wir unser Leben nicht so führen, wie es unsere alte Natur will, sondern so, wie es der Geist will" (Römer 8,3 bis 4).

Alle Menschen müssen eines Tages vor dem Richterstuhl YHWHs erscheinen: „Denn wir alle werden vor Gottes Richterstuhl stehen" (Römer 14,10). Und da die Torah niemals aufgehoben worden ist, stehen alle Menschen ohne Ausnahme schuldig vor dem Richterstuhl. Nur die, die die Erlösungstat Yeshuas für ihr eigenes Leben in Anspruch nehmen und an Ihn glauben, sind frei. Aber sie sind nicht frei zu sündigen, sondern frei, in der Torah zu wandeln! YHWH gab Seinem Volk die Torah am Berg Sinai erst, nachdem sie aus der Knechtschaft der Ägypter errettet worden waren.

Was bedeutet nun Gnade? Gnade, korrekt eigentlich „Begnadigung", ist ein unverdientes Geschenk, eine Hilfestellung. Das bedeutet jedoch nicht, dass wir einen Freischein für die Sünde haben. Die

Gnade schafft die Torah nicht ab, sie ersetzt nicht die Hingabe und sie löscht auch nicht die Verpflichtung aus, gute Werke zu tun. Wir wurden aus der Knechtschaft der Sünde befreit, sind aber nun Sklaven YHWHs: „Wisst ihr nicht, dass ihr, wenn ihr euch jemandem als gehorsame Sklaven ausliefert, die Sklaven desjenigen seid, dem ihr gehorcht – sei es nun der Sünde, die zum Tode führt, oder des Gehorsams, der dazu führt, dass ihr gerecht gemacht werdet? Durch Gottes Gnade habt ihr, die ihr einst Sklaven der Sünde wart, aus ganzem Herzen dem System der Lehre gehorcht, der ihr ausgesetzt wart; und nachdem ihr von der Sünde befreit worden wart, wurdet ihr Sklaven der Gerechtigkeit" (Römer 6,16-18). Die Aussonderung zu „Sklaven Gottes" hat als Endergebnis das ewige Leben:

> „Denn als ihr Sklaven der Sünde wart, wart ihr frei in bezug auf die Gerechtigkeit; doch welchen Nutzen hattet ihr von den Dingen, derer ihr euch nun schämt? Das Endergebnis jener Dinge war der Tod. Nun aber, befreit von der Sünde und als Sklaven Gottes, habt ihr wirklichen Nutzen – er besteht darin, dass ihr heilig gemacht werdet, ausgesondert für Gott, und sein Endergebnis ist ewiges Leben" (Römer 6,20-22).

Yeshua ist nicht gekommen, um die Torah oder die Propheten aufzuheben, sondern um sie zu vervollständigen (Matthäus 5,17). In Jesaja 42,1 steht in Bezug auf Yeshua: „Siehe, das ist mein Knecht – ich halte ihn – und mein Auserwählter, an dem meine Seele Wohlgefallen hat. Ich habe ihm meinen Geist gegeben; er wird das Recht unter die Heiden bringen." Yeshua sagt, dass die Liebe zu Ihm das Halten Seiner Gebote zur Folge hat (Johannes 14,15).

Ohne die Offenbarung des Ruach HaKodesch könnte die Torah empfunden werden als:

- Fluch,
- Last,
- Gesetzlichkeit.

Der Ruach HaKodesch offenbart uns die Torah in ihrer Bedeutung als:

- lebendiges Wort YHWHs,
- das Herz YHWHs ,
- Versorgung,
- Kraft,
- Licht,
- lebendiges Wasser,
- Lebensregeln.

Die Torah ist der Baum des Lebens und man kann die Plazenta mit dem Baum des Lebens vergleichen.

Wir wollen uns jetzt etwas detaillierter die Funktionsweise der Plazenta ansehen. Sie gleicht einem dicken Schwamm, in dessen Lücken das mütterliche Blut fließt. Hier findet der Stoffaustausch zwischen Mutter und Kind statt. Die Plazenta übernimmt die Funktionen von Lunge, Leber, Niere, Darm und einigen Drüsen des Kindes. Außerdem schützt sie das Ungeborene vor Infektionen. Sie produziert Hormone, wie z. B. Östrogen und Progesteron, die die Schwangerschaft erhalten. Der mütterliche und der kindliche Blut-

Erinnert die Plazenta nicht an den Baum des Lebens?
Oder erinnern nicht beide, Fötus und Plazenta,
auch an eine Torahrolle?

kreislauf sind getrennt, dabei liegt die mütterliche Seite der Plazenta an der Gebärmutterwand an. Zwischen den beiden Kreisläufen befinden sich drei Gewebeschichten, die dünnste Trennwand, die überhaupt möglich ist. Das mütterliche Blut wird aus den Arterien in den Zwischenraum gepumpt – pro Minute 500 ml bis 600 ml und fließt durch die Venen wieder ab. Auf der kindlichen Seite mündet, etwa in der Mitte der Plazenta, die Nabelschnur. In ihr verlaufen zwei Arterien, die das Blut und die Stoffwechselabbauprodukte des Kindes zur Mutter bringen und eine Vene, die nährstoff- und sauerstoffreiches Blut zum Kind bringt.

Somit sind die Hauptaufgaben der Plazenta: Schutz, Austausch zwischen Mutter und Kind sowie Versorgung des Ungeborenen.

Das Befolgen der Torah hält uns im Schutz- und Segensraum YHWHs. Er kommuniziert durch Sein Wort in der Torah mit uns, so dass in jeder Hinsicht ein Austausch stattfindet.

III. Einführung

„Dies sind meine Feste." (3. Mose 23,2)

Die Feste YHWHs

In der Tenach (Altes Testament) ordnete YHWH an, dass Sein Volk, die Israeliten, Seine Feste, die Er Mose detailliert beschrieben hatte, feiern sollte. Zu Seinem Volk zählte Er die Israeliten und all die Fremdlinge, die mit ihnen aus Ägypten ausgezogen und mit Ihm in ein Bündnis eingetreten sind. „Und es zog auch mit ihnen viel fremdes Volk …" (2. Mose 12,38); für diese nach der Abstammung Nichtjuden, galt: „Ein und dasselbe Gesetz gelte für den Einheimischen und den Fremdling, der unter euch wohnt" (2. Mose 12,49). Und sind wir nicht auch durch Yeshua in ein Bündnis mit Ihm eingetreten?

Das Feiern Seiner Feste ist auch ein Zeichen des Bündnisses. Man hört immer wieder, dass es „jüdische" Feste seien. Doch lesen wir nach, ob diese Behauptung mit Seinem Wort übereinstimmt. YHWH sagt: „Dies sind **meine** Feste" (3. Mose 23,2). Es hat sich eingebürgert, diese Feste als jüdische Feste zu bezeichnen, weil das Haus Juda (also die Juden) diese Feste nach der Reichsteilung 926 v. Chr.

weiter gemäß Seinen Anweisungen hielten, während das Haus Israel (die nördlichen Stämme) diese Feste (Zeiten wie Ort) verließen. Sie wandten sich stattdessen heidnischen Festen zu. In der Kirchengeschichte finden wir diese Praktiken wieder. So wurde im vierten Jahrhundert der Schabbat durch den Sonntag ersetzt und das Feiern von Weihnachten und Ostern eingeführt. Während man bei Ostern (wobei der Begriff von der Fruchtbarkeitsgöttin Astarte abgeleitet wurde und aus der gleichen Wurzel wie auch „Östrogene" stammt) noch einen gewissen Zusammenhang zu Pessach erkennen kann, gibt es nirgends in der Schrift einen Hinweis auf ein Weihnachtsfest. Die Geburt des Messias hat niemals im Dezember, fast exakt zur Wintersonnenwende stattgefunden. An just diesem Datum ein großes Fest anzusetzen, entstammt eher Sonnenanbetungskulten als biblischen Wurzeln.

Die von YHWH festgesetzten Festzeiten finden sich in 3. Mose 23, 1-2:

> „Und der HERR (YHWH) redete mit Mose und sprach: Sage den Israeliten und sprich zu ihnen: Dies sind **die Feste des HERRN** (YHWH), die ihr ausrufen sollt als heilige Versammlungen; dies sind **meine Feste**."

Die sieben Feste, die YHWH als Zeiten der Verabredung, als Festzeiten, mit Ihm festgelegt hat, sind:

- das Passahfest (Pessach),
- das Fest der ungesäuerten Brote (Chag HaMazzot),
- das Fest der Erstlingsfrüchte (Bikkurim),

- das Pfingstfest (Schawuot),
- der Tag des Schofarblasens (Jom Terua),
- der Tag der Versöhnung (Jom Kippur) und
- das Laubhüttenfest (Sukkot).
- Das in der Bibel genannte Fest der Tempelweihe (Chanukka) sei hier erwähnt, weil wir es in unsere Betrachtung mit einbeziehen. Es gehört aber nicht zu den sieben Festen, die in 3. Mose 23 erwähnt werden.

Warum sind das Zeiten der Verabredung mit Ihm? Das hier verwendete hebräische Wort für „Fest" heißt „Mo'ed" und bedeutet nach Strongs H4150[1]) „eine verabredete Zeit", „eine geheiligte Zeit", „Festzeiten", „ein Ort der Verabredung" und „ein Begegnungszelt", zeitgemäß also ein „date". Dieses Wort „Mo'ed" finden wir schon in der Schöpfungsgeschichte wieder. YHWH hat bereits bei der Erschaffung der Himmelskörper die Grundlagen festgelegt, wann Er sich mit uns verabreden möchte, und wie wir gemeinsam mit Ihm durch das Jahr gehen sollen. Leider kann man diesen Zusammenhang bei den Übersetzungen der Heiligen Schrift nicht erkennen, nur im hebräischen Text. YHWH hat Sonne und Mond erschaffen, damit sie für uns himmlische Zeichen und Zeiten sein sollen: „Und Gott sprach: Es seien Leuchten an der Himmelsdecke, zu scheiden zwischen Tag und Nacht; und sie sollen sein zu Zeichen und Bestimmungen und zu Tagen und Jahren" (1. Mose 1,14). Welche Zeichen und welche Zeiten geben sie uns? Und wie hängen die Tage und Jahre, die von YHWH gegeben worden sind, mit den Lichtern an der Feste des Himmels zusammen?

Das hebräische Wort für Zeichen (`ot) kann sowohl ein Signal als auch eine Flagge bezeichnen[2], Zeiten (Moadim) kann bedeuten „das Sichtbarwerden einer umfassenden Gottesordnung, die Natur und Zeit umgreift, sich in der Geschichte Israels verdichtet und schließlich im Kult zu ihrer Vollendung kommt"[3]. „Mo'ed" heißt, wie oben erwähnt, „Verabredung". Durch die Mondphasen werden Seine Feste festgelegt. YHWH hat ein einfaches Kommunikationsmittel für Seinen göttlichen Kalender gewählt: Den Mond! Sichtbar überall auf der Welt! YHWH verabredet sich mit uns an Seinen Festen, weil Er uns dann über den Messias lehrt!

Die Feste lehren uns über den Tod, das Begrabenwerden und die Auferstehung des Messias, über die Kraftausgießung des Ruach HaKodesch, über die Auferstehung der Toten, die Krönung und die Hochzeit des Messias, die Zeit der Trübsal und das messianische Zeitalter. Die Frühlingsfeste sind ein Schatten für das erste Kommen des Messias und die Herbstfeste zeigen prophetisch das zweite Kommen des Messias, das Millennium und vieles mehr an. Tatsächlich kam Yeshua zur exakt von YHWH festgesetzten Zeit auf die Erde: „... als aber die festgesetzte Zeit kam, sandte Gott seinen Sohn" (Galater 4,4) und YHWH hat auch ein genau festgelegtes Datum oder Treffen, zu welchem Zeitpunkt Er die Welt richten wird.

Eine wesentliche Bedeutung im Halten der Feste liegt für uns darin, dass wir immer tiefer gereinigt und geheiligt werden. Wir feiern die Frühlingsfeste Passah (Pessach), das Fest der ungesäuerten Brote (Chag HaMazzot), das Fest der Erstlingsfrüchte (Bikkurim) und Pfingsten (Schawuot) als Erinnerung an das erste Kommen des

Messias und die Herbstfeste, das Posaunenfest (Jom Terua; auch bekannt als Rosch HaSchanah), den Versöhnungstag (Jom Kippur) und das Laubhüttenfest (Sukkot) als Generalprobe für das zweite Kommen Yeshuas.

Seine Kreisläufe

Die Gesetze, die Unterweisungen YHWHs, sind perfekt und vollkommen von Anfang an. Sein Gesetz gilt für alle Zeit. Er hat die göttlichen Prinzipien von Anfang an erklärt und sie gelten bis auf den heutigen Tag. In 1. Mose 1,31 wird berichtet, dass alles „sehr gut" war. YHWH hat die Wahrheit immer und immer wieder erklärt, durch Seine Propheten und durch Seinen Sohn Yeshua. YHWH ist mit uns nicht auf einem linearen Zeitstrahl unterwegs, sondern in Kreisläufen, in Zyklen. Da YHWH außerhalb unserer Zeitdimension lebt, kann Er all unsere Zeitdimensionen „Vergangenheit, Gegenwart, Zukunft" gleichzeitig überblicken und daher auch das Ende von Anfang an vorhersagen. Albert Einstein bemerkte zur Zeitdimension: „Für uns gläubige Physiker hat eine Scheidung zwischen Vergangenheit, Gegenwart und Zukunft nur die Bedeutung einer wenn auch hartnäckigen Illusion".[1]

Es gibt einen von YHWH eingesetzten Wochenzyklus „6:1", sechs Tage Arbeit, einen Tag der Ruhe, der Schabbat heißt. Der Wochenzyklus geht von Schabbat zu Schabbat und der Monatszyklus von Neumond zu Neumond. Darüber hinaus gibt es einen Zyklus der Feste, der von Pessach bis zu den Herbstfesten unter Einbeziehung des Chanukkafestes genau 280 Tage beträgt (wie die Entwicklung eines Embryos mit 280 Tagen). In jedem persönlichen Zyklus lehrt Abba, der Vater, uns Seine Kinder, immer und immer wieder Seine Wahrheiten. Wie ein guter Vater wiederholt, so wiederholt Er auch immer und immer wieder, damit wir in Seinen Kreisläufen bleiben. Sie sind Zyklen der Gerechtigkeit. Wenn David im Psalm 23,3 proklamiert: „Er führet mich auf rechter Straße um seines Namens willen", dann steht hier im Hebräischen für das Wort Straße ma'gal, was „Verschanzung" oder „Spur" bedeutet. „Ma'gal" stammt von der Wurzel „'gl", von welcher auch „'agol" abstammt, was „rund" bedeutet. „Entrenchment" heißt auch „Abwehrschanze", „Verschanzung".[2] Man könnte sagen, wenn man in den Kreisläufen YHWHs läuft, bleibt man „verschanzt" gegen fremde Einflüsse. „Ma'gal" bedeutet hier, in „Seinen Kreisläufen gehen, Seine Feste feiern, in den Kreisläufen, den Pfaden der Gerechtigkeit gehen".

Die Natur ist auch ein Zeuge für die Kreisläufe YHWHs, sie verläuft in Zyklen. Jedes Frühjahr treiben die Bäume neu aus und die Pflanzen wachsen empor. Während man im griechischen Denken Dinge hinter sich lässt, in der Entwicklung einfach weitergeht, denkt YHWH an Wiederherstellung. In Kreisläufen stellt Er wieder her, was schon durch Seine Propheten gesagt worden ist. In der Evolution gibt es keinen Platz für Kreisläufe und für Wiederherstellung. YHWH führt uns an den Anfang zurück. Deswegen sagt Yeshua auch am Ende der Schrift (Offenbarung 22,16), dass Er die Wurzel ist und YHWH erklärt bereits am Anfang das Ende: „Ich habe von Anfang an verkündigt, was hernach kommen soll, und vorzeiten, was noch nicht geschehen ist. Ich sage: Was ich beschlossen habe, geschieht, und alles, was ich mir vorgenommen habe, das tue ich" (Jesaja 46,10).

Schöpfung versus Evolution

Genauso wenig wie es eine Evolution der Lebewesen gibt (es handelt sich lediglich um eine Theorie bezüglich der Entstehung von Lebewesen), genauso wenig gibt es eine theologische Evolution. Was verstehen wir unter theologischer Evolution? Wenn wir das Wort „jetzt" abbilden wollen, sind wir in unserem griechischen Denken gewöhnt, es vor unseren Augen in der Mitte auf einem Zeitstrahl abzubilden. Normalerweise sehen wir einen Zeitstrahl, der von links nach rechts geht. Auf der linken Seite tragen wir die Vergangenheit mit z. B. einer Markierung für die Geburt Yeshuas ein und rechts davon einen Strahl, der in die Zukunft geht und diese symbolisiert. Das ist ein lineares Zeitverständnis, in dem wir auf einem Zeitstrahl von links nach rechts gehen, von der Vergangenheit in die Zukunft. Dabei wäre dies ein evolutionäres Zeitverständnis, in dem wir Zeit als etwas verstehen, das sich allmählich und stufenweise entwickelt.

Auf der linken Seite könnte man eintragen: Ein strafender Gott, Gesetz, Gericht, Opfer, kein ausgegossener Heiliger Geist, dann markieren wir das Kreuz und könnten rechts davon eintragen: Yeshua, Gnade, Liebe, Ausgießung des Heiligen Geistes. Die Dimension Zeit könnte, wie die Evolution der Lebewesen, als eine lineare Entwicklung verstanden werden, die neue Glaubenssysteme hervorbringt. In der Biologie wird heute (im Gegensatz zum biblischen Verständnis und zur Schöpfung YHWHs) unter Evolution ganz allgemein die Fähigkeit der Lebewesen verstanden, ihr äußeres Erscheinungsbild oder andere Merkmale im Laufe vieler Generationen zu verändern. Stammesgeschichtliche Evolution bedeutet entsprechend der Evolutionstheorie nicht die Ausprägung von bereits Vorhandenem, sondern (auf lange Sicht) die Entstehung von völlig Neuem. Dies übertragen manche auf die Theologie und sagen, dass es am Anfang jüdische Menschen gab, die den Schabbat und die Feste YHWHs sowie das Gesetz mit allen Anweisungen hielten. Einige behaupten, dass im Laufe der Zeit das jüdische Volk mit seiner Art, den Glauben zu leben, allmählich mit einer völlig anderen Glaubensstruktur durch die Christen abgelöst worden sei – diese „Ersatztheologie" besagt, dass die Christen an die Stelle Israels als erwähltes Volk getreten sind. Das Gesetz gelte nicht mehr, da es durch Yeshua erfüllt wurde, der Schabbat wurde auf den Sonntag gelegt, usw. Es hat eine „theologische Mutation" zu angeblich „Höherwertigem" stattgefunden. Die Folgen dieser Sichtweise sind jedoch eine zunehmende Entfernung und Entfremdung von den Wurzeln – mit all seinen negativen Auswirkungen. Einige haben die Anfänge weit hinter sich gelassen und somit das Fundament verloren …

Es gibt die Frühlings- und die Herbstfeste. Genauso wie YHWH bestimmte Zeiten für Seine Feste festgelegt hat, gibt es bestimmte festgelegte Wachstumszyklen für ein Baby in der Gebärmutter. Der Jahreszyklus, in dem wir die Feste YHWHs und das Fest der Tempelweihe feiern, dauert 280 Tage! Es ist äußerst faszinierend, die Parallelen zwischen Seinen Festen und der Entwicklung eines menschlichen Lebewesens zu studieren. Ehe diese Parallelität aufgezeigt wird, sei anhand von anderen Beispielen gezeigt, dass YHWH Botschaften im Raum der Gebärmutter kommuniziert.

Botschaften im Mutterleib

YHWH schenkt Leben oder versagt es: „... obgleich der HERR ihren Leib verschlossen hatte" (1. Samuel 1,5). In Hosea 9,14 lesen wir: „Herr, gib ihnen – was willst du ihnen geben? Gib ihnen unfruchtbare Leiber ..." Eine wunderbare Gebetserhörung erlebte Isaak: „Isaak aber bat den HERRN für seine Frau, denn sie war unfruchtbar. Und der HERR ließ sich erbitten und Rebekka, seine Frau, ward schwanger" (1. Mose 25,21).

Darüber hinaus legt YHWH auch Botschaften in das entstehende Leben in der Gebärmutter hinein. Rebekka war sich dieser Tatsache bewusst, denn „sie ging hin, den HERRN zu befragen", um Sein Reden durch ihre Kinder, die „sich miteinander (stießen) in ihrem Leib" zu verstehen. „Und der HERR sprach zu ihr: Zwei Völker sind in deinem Leib, und zweierlei Volk wird sich scheiden aus deinem Leibe; und ein Volk wird dem andern überlegen sein, und der Ältere wird dem Jüngeren dienen" (1. Mose 25,22-23). Der ewige Kampf in der Torah zwischen dem Messias und HaSatan, zwischen Abel und Kain, zwischen Abraham und Lot, setzt sich zwischen den Zwillingen Jakob und Esau in dem Leib der Rebekka fort. YHWH hat in Seiner Souveränität ungeborene Zwillinge bereits im Mutterleib dazu bestimmt, zwei Stammeslinien zu repräsentieren. Wenn YHWH diesen Kampf zwischen den beiden Samen, der durch die ganze

6.000-jährige Menschheitsgeschichte tobt, in eine Schwangerschaft zeichnet, ist Er auch in der Lage, Seine Feste (unter Einbeziehung des in der Schrift erwähnten Festes der Tempelweihe) in der Entwicklung menschlichen Lebens abzubilden.

IV. Eine Gegenüberstellung der Feste YHWHs und der Trimester der Schwangerschaft

„Er führet mich auf rechter Straße (in seinen gerechten Kreisläufen) um seines Namens willen" (Psalm 23,3).

Der Zyklus einer Schwangerschaft

Die Entwicklung vom befruchteten Ei bis zum lebensfähigen Kind dauert unter normalen Umständen 280 Tage oder 40 Wochen, gerechnet vom ersten Tag der letzten Periode einer Frau. Die Schwangerschaft wird unterteilt in drei Entwicklungsstufen, die sogenannten Trimester. Das erste Trimester geht von Woche 1 bis Woche 13, das zweite Trimester von Woche 14 bis Woche 27 und das dritte Trimester von Woche 28 bis Woche 40 oder bis zur Geburt.

Jedes Trimester hat seine eigenen Entwicklungsstufen. Während des ersten Trimesters ist es das Hören des Herzschlages, im zweiten sind es die ersten Bewegungen des Babys im Bauch und im dritten Trimester erleben viele Frauen Vorwehen, eine Vorbereitung auf die echten Wehen und die Geburt.

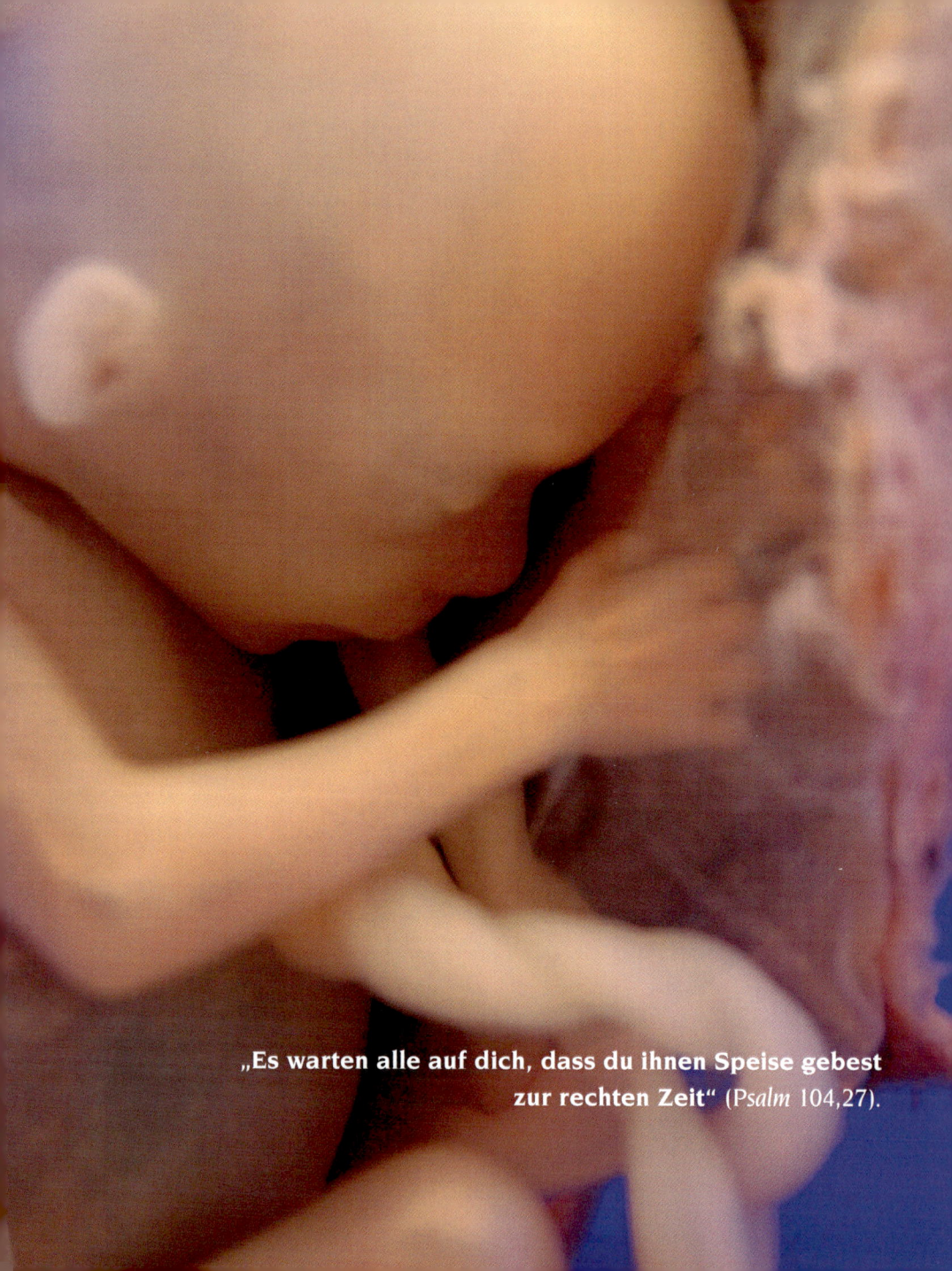

„Es warten alle auf dich, dass du ihnen Speise gebest zur rechten Zeit" (*Psalm* 104,27).

Diese folgende Gegenüberstellung zeigt tabellarisch und graphisch, wie ein Embryo und Fötus sozusagen auf den Jahreskreislauf der biblischen Feste geeicht ist.

Frühlingsfeste – 1. Trimester bis zur Hälfte des 2. Trimesters der Schwangerschaft

Frühlingsfeste				
1. Trimester Woche 1 bis Woche 33				
Pessach am 14. Tag des 1. Monats	**Fest der ungesäuerten Brote** in der nächsten Nacht, am 15. des 1. Monats	**Fest der Erstlingsfrüchte** vom 2. bis 6. Tag nach dem Fest der ungesäuerten Brote, auch Frühlingssaat genannt	**Omerzählen**	**Schawuot**
Erscheinen des Eies der Mutter am 14. Tag des 1. Monats	Befruchtung muss innerhalb von 24 Stunden erfolgen	Einnistung des befruchteten Eies, die Reise zur Gebärmutter dauert zwischen 2 und 6 Tagen	Frühe Entwicklung	Embryo => Fötus
	Das Volk musste in Eile aufbrechen / Spermien müssen sich in Eile auf den Weg begeben = 12 bis 24 Stunden Zeit	Nach 6 Tagen Durchgang Rotes Meer/ Zwischen dem 2. und 6. Tag Fest der Erstlingsfrüchte: Schwingen der Garben Übergang vom Eierstock in den Eileiter Weg bis in die Gebärmutter: 2 bis 6 Tage	50 Tage werden gezählt; Herzenshaltung, ab dem 22. Tag Herzschlag, ab dem 25. Tag regelmäßiger Herzschlag	

Herbstfeste – Rest des 2. Trimesters und 3. Trimesters der Schwangerschaft

Herbstfeste			
Jom Terua	**Jom Kippur**	**Sukkot**	**Chanukka***
2. Trimester			
Gehör	Blut	Lungen	Geburt
3. Trimester			
1. Tag des 7. Monats ist das Schofarblasen	Am 10. Tag des 7. Monats Versöhnungstag => der Altar wird mit Blut besprengt	Am 15. Tag des 7. Monats wird Sukkot gefeiert; Wüstenwanderung	*Gehört nicht zu den sieben Festen, ist aber als Fest in der Bibel erwähnt.
Bis Ende des 7. Monats ist das Gehör ausgebildet	Der Wechsel vom fetalen zum adulten Hämoglobin	Am 15. Tag des 7. Monats ist das Kind fähig Luft einzuatmen. Das Kind hat einen irdischen Körper (Hütte) entwickelt und könnte geboren werden.	Nach weiterer 80 Tagen des Wachstums kann das Baby geboren und YHWH geweiht werden.
		Die Juden erinnern sich, dass YHWH Adam den Odem des Lebens einblies	nach 280 Tagen wird Chanukka gefeiert
		Erste Atemzüge => auf die Geburt; Geist und Atem sind biblische Konzepte	nach 280 Tagen findet die Geburt statt

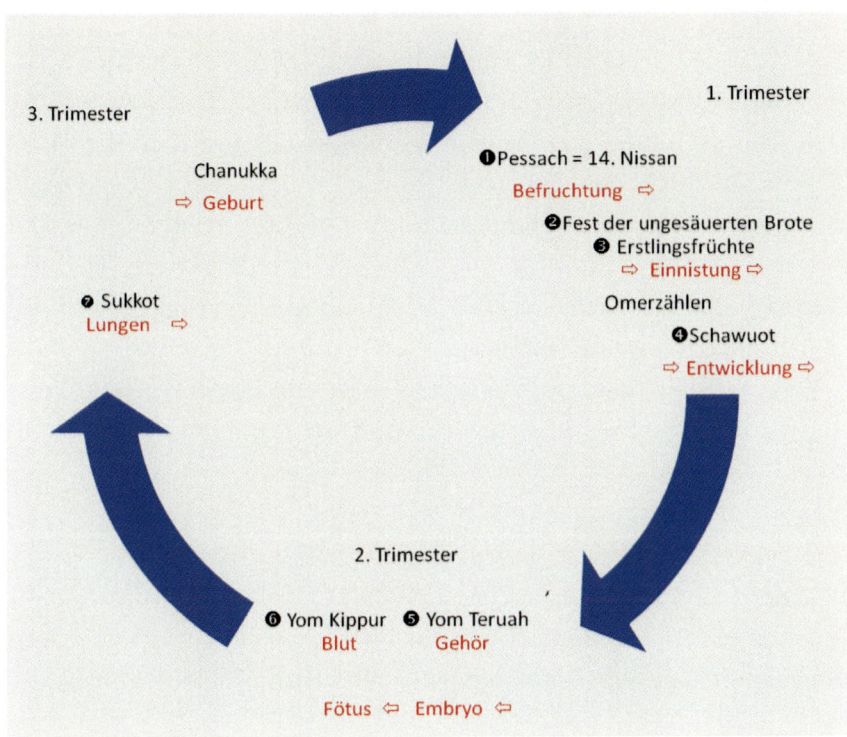

Nun beginnt unser Vergleich der Entwicklung mit den Festen YHWHs.

Vergleich im Einzelnen

Im Blut ist Leben

Das Blut ist eines der lebenswichtigsten Organe und die Bibel beschreibt es als den Träger des Lebens. „Denn des Leibes Leben ist im Blut, und ich habe es euch für den Altar gegeben, dass ihr damit entsühnt werdet. Denn das Blut ist die Entsühnung, weil das Leben in ihm ist" (3. Mose 17,11). Hier heißt das hebräische Wort für Blut „Nefesch" und bedeutet Seele.

Das Blut als Träger neuen Lebens spielt eine zentrale Rolle beim Auszug der Israeliten aus Ägypten und beim Entstehen menschlichen Lebens.

Pessach – Blutreicher Gewebsbelag

Pessach

Pessach wird im ersten Monat am 14. Tag gefeiert: „Am vierzehnten Tage des ersten Monats gegen Abend ist des HERRN Passa" (3. Mose 23,5).

Während der Pessachfeier wird der Errettung der Israeliten aus der Hand der Ägypter gedacht. Im Gehorsam und im Glauben haben die Israeliten das Blut des Lammes an ihre Türpfosten gestrichen, um so von der zehnten Plage, dem Tod des Erstgeborenen, verschont zu bleiben: „Denn ich will in derselben Nacht durch Ägyptenland gehen und alle Erstgeburt schlagen in Ägyptenland unter Mensch und Vieh und will Strafgericht halten über alle Götter der Ägypter, ich, der HERR (YHWH). Dann aber soll das Blut euer Zeichen sein an den Häusern, in denen ihr seid: Wo ich Blut sehe, will ich an euch vorübergehen, und die Plage soll euch nicht widerfahren, die das Verderben bringt, wenn ich Ägyptenland schlage. Ihr sollt diesen Tag als Gedenktag haben und sollt ihn feiern als ein Fest für den HERRN (YHWH), ihr und alle eure Nachkommen, als **ewige** Ordnung" (2. Mose 12,12-14).

Die Kinder Israel haben durch die Befolgung von YHWHs Unterweisungen an ihre Errettung und den Neuanfang im verheißenen Land geglaubt. Pessach wird seitdem jährlich als eine ewige Ordnung gefeiert. Wir, die an Yeshua Gläubigen, „durchleben" dabei einerseits die historischen Ereignisse, andererseits werden wir an unsere eigene Errettung durch Yeshua erinnert. Yeshua ist unser Pessachlamm. Wir bestreichen die Türpfosten unseres Herzens durch den Glauben an das vergossene Blut Yeshuas und werden so von der Gefangenschaft der Sünde befreit „... wir waren Sklaven der Elementargeister des Universums ..." (Galater 4,3), weil uns das Blut Yeshuas von Sünde erlöst: „In der Vereinigung mit ihm, durch das Vergießen seines Blutes, sind wir befreit – unsere Sünden sind vergeben; ..." (Epheser 1,7). Pessach ist das erste Fest im Jahreszyklus. Ebenso ist Buße von unseren Sünden zu tun (Teschuwa) und an das vergossene Blut zu glauben, unsere ersten Schritte in unserem Wandel mit YHWH.

Blutreicher Gewebsbelag

Da es schwierig ist, den Tag des letzten Eisprunges genau zu bestimmen und demnach auch, wann das Sperma das Ei befruchtet hat, nutzt man den ersten Tag der letzten Periode als „sicheren" Ausgangspunkt für die nächsten neun Monate.

Das bedeutet, die erste offizielle Woche der Schwangerschaft ist eigentlich die Woche, in der die Frau ihre letzte Periode hatte.

Während der zweiten Woche nach den „Tagen" erzeugt das Hormon Östrogen in der Gebärmutter eine dicke, sehr intensiv durchblutete Schleimhaut, die Voraussetzung für die Aufnahme des befruchteten Eies ist. Dies ist im Normalfall um den 14. Tag im ersten Monat.

Der ansteigende Progesteronspiegel bereitet die Gebärmutter darauf vor, ein befruchtetes Ei aufzunehmen.

14. Tag des 1. Monats/Nissan	Pessach	Errettung durch das Bestreichen der Türpfosten mit Blut	Gemeinsamer Faktor:
14. Tag im Zyklus/ 1. Monat Befruchtung	Das Ei macht sich bereit!	Intensiv durchblutete Schleimhaut als Voraussetzung zur Aufnahme des befruchteten Eies	Leben durch Blut!

Wenn das Ei der Mutter nicht innerhalb von 24 Stunden befruchtet wird, endet es „im Tod". Wir gehen davon aus, dass „unser Ei" innerhalb dieser Zeitspanne befruchtet wird, und kommen damit zum zweiten Fest YHWHs.

Auszug in Eile

Der Weg ins Gelobte Land – der Weg in die Gebärmutter

Nach einer bemerkenswerten Reihe von Plagen, die wegen des fortgesetzten Starrsinns des Pharao auf Ägypten gelegt wurden, wurden die Kinder Israel schließlich aus Ägypten entlassen, beladen mit reicher

Beute der Ägypter. Die Israeliten kamen am 17. Tag des Monats Aviv/ Nissan am Ufer des Schilfmeeres an, d. h. drei Tage nach dem Pessachfest im ersten Monat des religiösen Kalenders. Das Passahlamm wurde am 14. Nissan geschlachtet, und das Volk verließ Ägypten vor Mitternacht am Abend des 15. Nissan, nachdem der Todesengel die Erstgeburten Ägyptens geschlagen hatte. Der Auszug geschah in Eile. Genauso wie die Israeliten in Eile aufbrechen mussten, so hat das Ei auch nur 24 Stunden Zeit, um befruchtet zu werden.

Das Fest der ungesäuerten Brote

Das Fest der ungesäuerten Brote wurde zum ersten Mal einen Tag nach Pessach, am 15. Tag des ersten Monats, gehalten und wird auch seitdem einen Tag nach Pessach gefeiert. Es wird im ersten Monat Aviv/Nissan abgehalten, vom 15. bis zum 21. Tag.

Das Fest erinnert daran, dass die Israeliten in Eile aufbrechen und Ägypten verlassen mussten. Es erinnert auch an die bittere Zeit der Sklaverei in Ägypten und wird sieben Tage lang gefeiert.

„Am fünfzehnten Tag desselben Monats ist das Fest der ungesäuerten Brote für den HERRN; da sollt ihr sieben Tage ungesäuerte Brote essen" (3. Mose 23,6).

„Haltet das Gebot der ungesäuerten Brote. Denn eben an diesem Tage habe ich eure Scharen aus Ägyptenland geführt; darum sollt ihr diesen Tag halten, ihr und alle eure Nachkommen, als ewige Ordnung" (2. Mose 12,17).

Während dieser Tage war es dem Volk durch YHWH streng untersagt, gesäuertes Brot in ihren Häusern zu haben. Die genauen Anweisungen finden sich in 2. Mose 12,14-17:

„Ihr sollt diesen Tag haben zum Gedächtnis und sollt ihn feiern dem YHWH zum Fest, ihr und alle eure Nachkommen, zur ewigen Weise. Sieben Tage sollt ihr ungesäuertes Brot essen; nämlich am ersten Tage sollt ihr den Sauerteig aus euren Häusern tun. Wer gesäuertes Brot isst vom ersten Tage an bis auf den siebenten, des Seele soll ausgerottet werden von Israel. Der erste Tag soll heilig sein, dass ihr zusammenkommt; und der siebente soll auch heilig sein, dass ihr zusammenkommt. Keine Arbeit sollt ihr an dem tun; außer, was zur Speise gehört für allerlei Seelen, das allein mögt ihr für euch tun. Und haltet das ungesäuerte Brot; denn eben an demselben Tage habe ich euer Heer aus Ägyptenland geführt; darum sollt ihr diesen Tag halten, ihr und alle eure Nachkommen, zur ewigen Weise."

Geistlich gesehen sind die an den Messias Yeshua Gläubigen das Haus YHWHs: „Der Messias aber war als Sohn treu über das Haus Gottes. Und dieses sein Haus sind wir ..." (Hebräer 3,6). Der Sauerteig (Sünde) muss aus unserem Haus (Leben) entfernt werden, indem wir dem Ruach HaKodesch erlauben, uns durch die Kenntnis von Yeshua und der Schrift zu offenbaren, wo Sünde in unserem Leben ist. Nur durch YHWHs Wort sind wir in der Lage, die Sünde in unserem Leben zu identifizieren.

Yeshua starb am 14. Nissan. Am Tag der ungesäuerten Brote, am 15. Nissan, war er im Grab bis zum Fest der Erstlingsfrüchte am 17. Nissan, an dem Er auferstand.

Die Jagd nach dem Ei: Befruchtung

Genauso wie die Israeliten in Eile aufbrechen mussten, so hat das Ei auch nur 24 Stunden Zeit, um befruchtet zu werden. Nun passieren die eigentlichen Dinge: Das Ei macht sich auf den Weg in den Eileiter.

Bereits während die Eier der Eierstöcke in flüssigkeitsgefüllten Säcken, den sogenannten Fruchtkapseln, reifen, wird die gut durchblutete Gebärmutterschleimhaut gebildet. Nach dem Eisprung kann die Befruchtung nur innerhalb eines Tages (12 bis 24 Stunden) erfolgen, das bedeutet in Eile. Sobald eines von 350 Millionen Spermien (ein durchschnittlicher Samenerguss) den Weg von der Vagina durch die Gebärmutter in den Eileiter bis zum Ei schafft, ist eine Befruchtung des Eies – wohlgemerkt 12 bis 24 Stunden nach dem Eisprung – möglich.

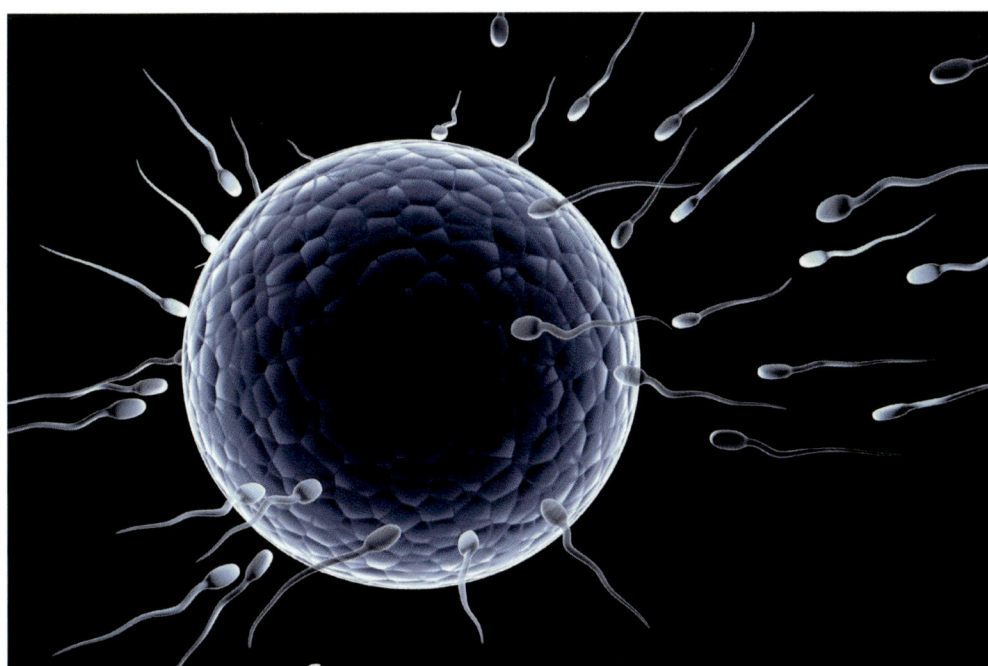

15. Nissan des 1. Monats	Fest der ungesäuerten Brote	Auszug in Eile, vom 14. auf den 15. Nissan	Gemeinsamer Faktor:
15. Tag im Zyklus 1. Tag der Befruchtung	Befruchtung	Befruchtung in Eile, innerhalb eines Tages	In Eile, innerhalb von 24 Stunden

Die Risiken einer Reise

Für Spermien ist es ein lebensgefährliches Hindernisrennen, bis eines von ihnen die nur für wenige Stunden reife Eizelle befruchten kann. In der Menge sind sie stark: Bis zu 500 Millionen Samenzellen (oder 350 Millionen eines durchschnittlichen Samenergusses) schießen mit rund 15 Stundenkilometern während einer einzigen Ejakulation in die Scheide.

Von ihnen treffen jedoch nur rund 500 auf das Ei, das dann von nur einem einzigen Spermium befruchtet wird. Die Chancen für jede einzelne auf das Ei treffende Samenzelle einer Ejakulation stehen also nur 1:500 000 000.

Für die Reise zum Ei sind die Spermien mit einer Begleitsubstanz umgeben, die aus Wasser, Eiweiß und Mineralstoffen besteht, dem so genannten Seminalplasma. Es soll die Samenfäden bei ihrem Auftrag unterstützen, stark machen und möglichst lange leben lassen. Im günstigsten Fall werden sie die etwa 20 Zentimeter lange Strecke in nur zwei Stunden zurücklegen, im ungünstigsten sind sie bis zu eine Woche unterwegs.

Sofort nach der Ejakulation erwartet die Spermien das erste Hindernis: Die Schleimhäute der Scheide verfügen über ein spezielles,

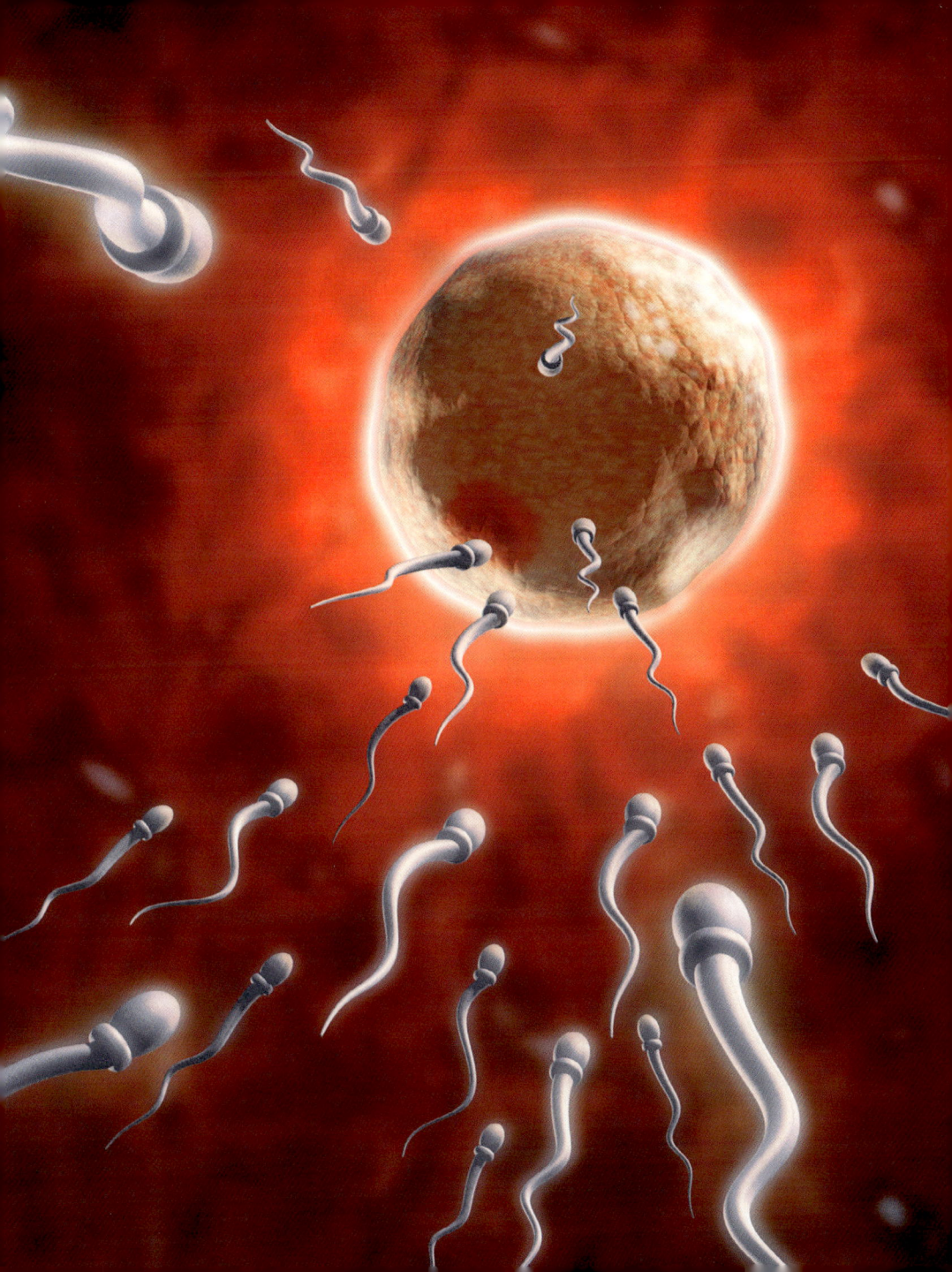

saures Milieu mit starken Abwehrzellen. „Sie erkennen die Samen-fäden als Fremdstoffe und versuchen, sie zu eliminieren", sagt ein Gynäkologe. Die Spermien, die diesen Angriff überstanden haben, können an der nächsten Barriere scheitern: Am Gebärmutterhals versperrt ihnen während der unfruchtbaren Zeit der Frau zäher Schleim den Weg. Durch weibliche Sexualhormone, die den gesam-ten Zyklus steuern, verflüssigt er sich erst zur Zeit des Eisprungs, also in der Zyklusmitte. Viele Spermien sterben bis dahin.

Manchen gelingt es in winzigen Verästelungen des Gebärmut-terhalses einige Tage auf diesen günstigen Zeitpunkt zu warten. Ist der Weg dann frei, schwimmen sie weiter durch die Gebärmutter. So ist es übrigens zu erklären, dass viele Frauen schwanger werden, obwohl sie nicht während der Zeit des Eisprungs Verkehr hatten, sondern einige Tage davor. Auf ihrem Weg durch die Gebärmutter verirren sich manche Spermien in winzigen Nischen und Sackgas-sen des Organs und nur einige gelangen in die Eileiter. Aber nur einem Spermium gelingt es mit der Eizelle zu verschmelzen und danach tritt ein Spermienblock ein, damit keine weiteren Spermien mehr eintreten können.

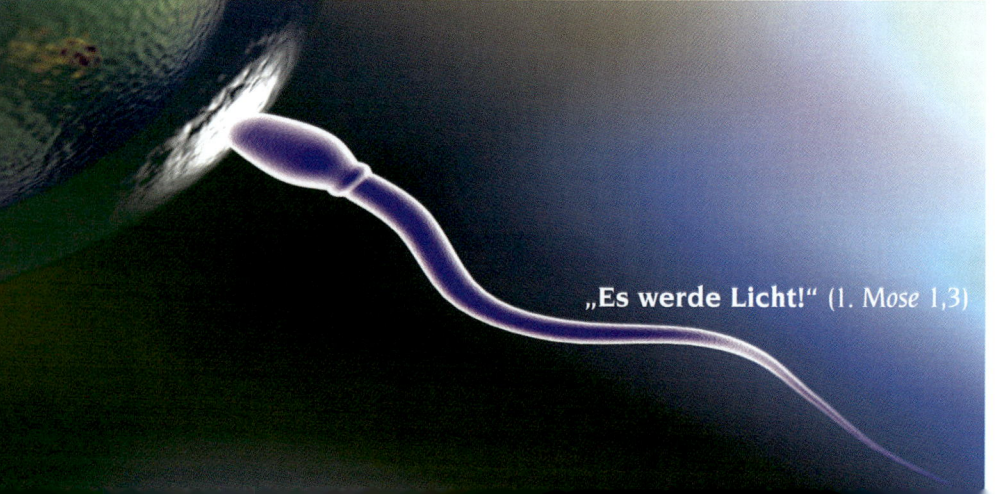

„Es werde Licht!" (1. *Mose* 1,3)

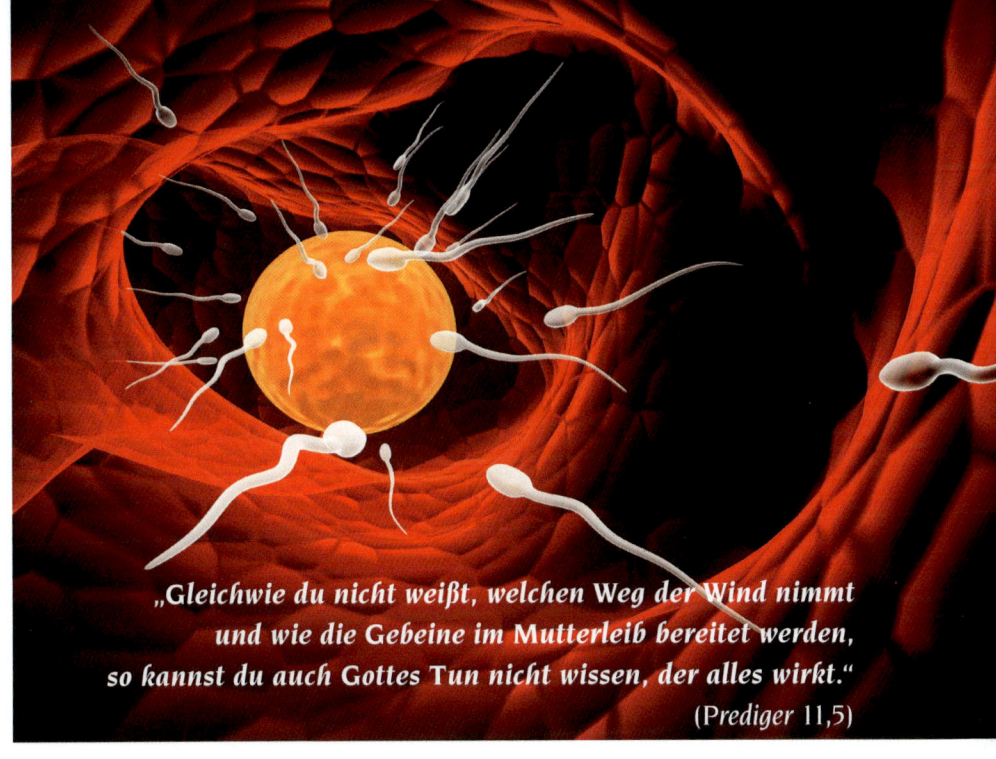

„Gleichwie du nicht weißt, welchen Weg der Wind nimmt
und wie die Gebeine im Mutterleib bereitet werden,
so kannst du auch Gottes Tun nicht wissen, der alles wirkt."
(Prediger 11,5)

Die eigentliche Konzeption

Die eigentliche Konzeption, das Verschmelzen der reifen Eizelle mit der männlichen Samenzelle, findet im Eileiter statt und damit beginnt das Leben vor der Geburt.

Aus den beiden haploiden Anlagen entsteht jetzt ein vollständig neu kombinierter doppelter Chromosomensatz, der die Erbsubstanzen von Vater und Mutter enthält: Ein absolut einmaliges Individuum, das in dieser Form nie mehr entstehen wird. Allein aus der Chromosomenkombination heraus gibt es 2^{23} x 2^{23} = 70.368.744.177.664 Möglichkeiten, wie die Erbanlagen des Kindes eines bestimmten menschlichen Paares aufgebaut sein könnten.

Bereits einen Tag danach beginnt die befruchtete Eizelle (Zygote) sich zu teilen. Es entstehen zwei, vier, acht, 16 Tochterzellen und nach einer Woche sind es bereits über 100. Das bläschenförmige Gebilde heißt jetzt Blastozyst.

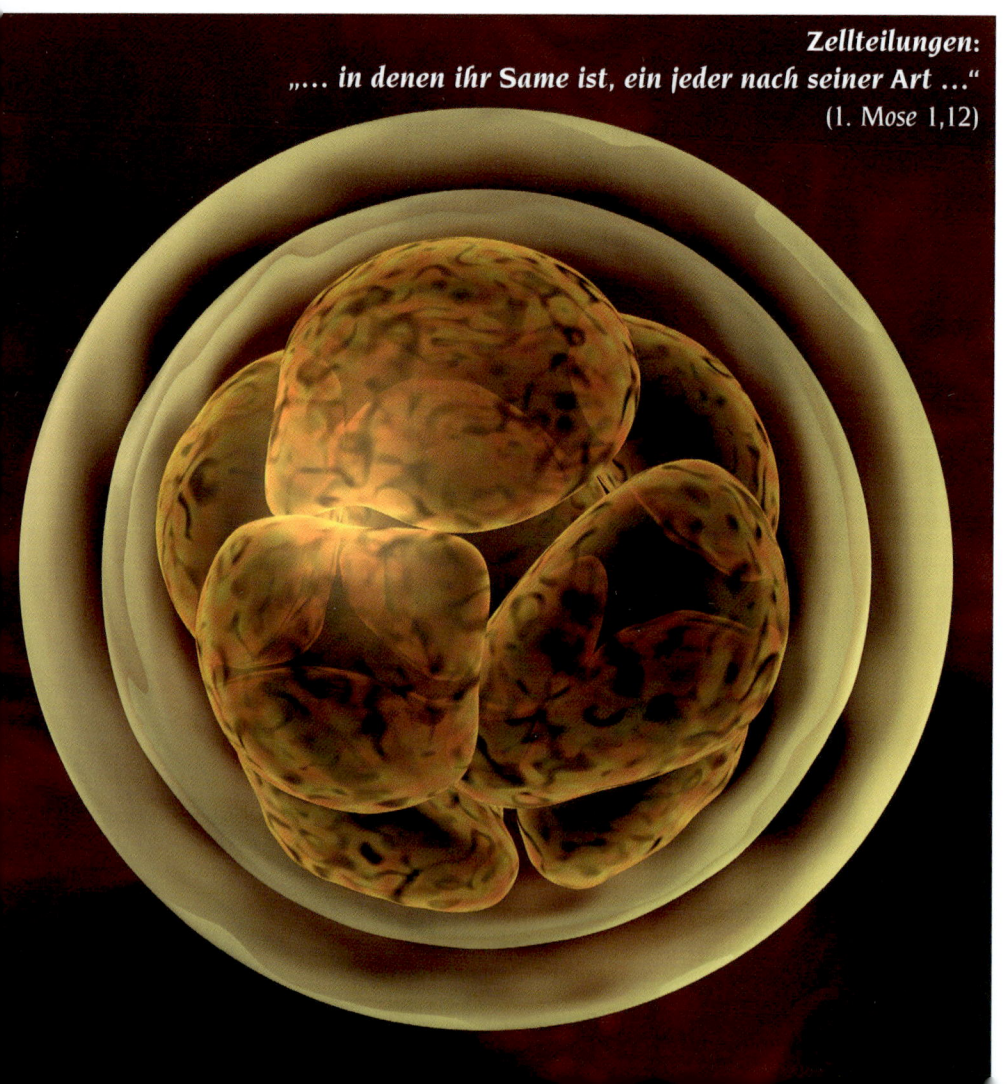

Zellteilungen:
„… in denen ihr Same ist, ein jeder nach seiner Art …"
(1. Mose 1,12)

Der Auszug aus Ägypten

Hier finden wir eine erstaunliche Parallele zum Auszug der Israeliten aus Ägypten. In der Tenach wird berichtet, wie schnell die Israeliten Ägypten verließen:

> „Und zur Mitternacht schlug der HERR alle Erstgeburt in Ägyptenland vom ersten Sohn des Pharao an, der auf seinem Thron saß, bis zum ersten Sohn des Gefangenen im Gefängnis und alle Erstgeburt des Viehs. Da stand der Pharao auf in derselben Nacht und alle seine Großen und alle Ägypter, und es ward ein großes Geschrei in Ägypten; denn es war kein Haus, in dem nicht ein Toter war. Und er ließ Mose und Aaron rufen in der Nacht und sprach: Macht euch auf und zieht weg aus meinem Volk, ihr und die Israeliten. Geht hin und dienet dem HERRN, wie ihr gesagt habt" (2. Mose 12,29-31).

In der Tenach wird berichtet, dass Mose das Volk der Israeliten führte und wie schnell es aufbrechen musste, um Ägypten zu verlassen.

Einer wird das Rennen gewinnen.

Das Wunder bei der Durchquerung

Nur Stunden nach dem Exodus änderte Pharao seinen Sinn. Er rüstete seine Armee und jagte den Israeliten hinterher. Durch die weise Führung YHWHs hatten die Flüchtlinge jedoch einen guten Vorsprung. Da Er sie durch eine Wolke bei Tag und durch eine Feuersäule bei Nacht führte, verloren sie keine Zeit. Vom ersten Tag an aßen sie ungesäuertes Brot bis sie sechs Tage später die Stelle ihrer Erlösung erreichten. Sie überquerten durch ein mächtiges Wunder das Schilfmeer.

Auch das Ei macht eine außerordentliche Überquerung durch.[1]

Skizze 1
Punkt 4 = Eisprung
(Überquerung)

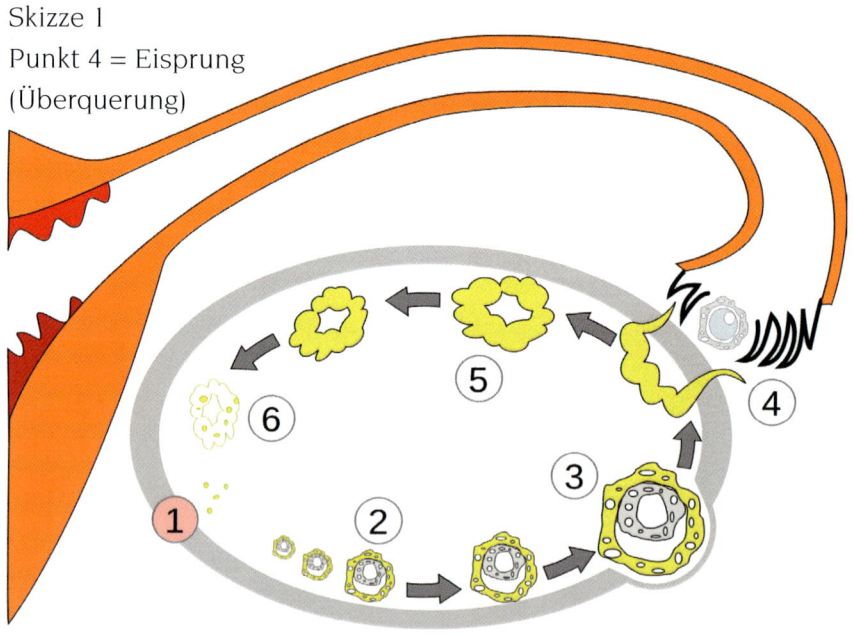

Das Ei „springt" aus dem Eierstock und muss dabei auf wundersame Weise einen Spalt überqueren, um in den Eileiter zu gelangen. Wie? Dieser Vorgang ist bis heute nicht erklärbar und ist und bleibt somit ein Wunder.

Festhalten kann man Folgendes:
Schleimhautfransen (Fimbrien) weisen am Übergang vom Eierstock zum Eileiter rhythmische Bewegungen auf, bis er durch chemotaktische Einflüsse über dem reifen Follikel zu liegen kommt. Der Transport der Eizelle durch den Eileiter, nach ihrer Ausstoßung aus dem Graafschen Follikel, erfolgt einerseits erneut durch Muskelkontraktionen des Eileiters, andererseits durch einen Flüssigkeitsstrom in Richtung Eileiter. Richtungsgebend für die Flüssigkeiten und damit auch der Eizelle sind die Zilien (Flimmerhärchen) der den Eileiter auskleidenden Epithelzellen. Sie schlagen rhythmisch in Richtung der Gebärmutter.

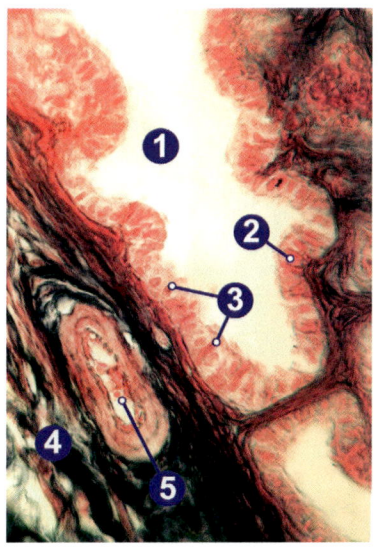

Skizze 2
Histologischer Querschnitt eines menschlichen Eileiters in der Zyklusmitte: (1) Lumen, (2) Hochprismatisches Flimmerepithel mit Zilien, (3) Drüsenzellen, (4) Tunica muscularis, (5) Arteriole

Die Zygote wandert, wie wir oben gelesen haben, innerhalb von zwei bis sechs Tagen in die Gebärmutter.

Am siebten Tag hat sich die Zygote in der Schleimhaut der Gebärmutter eingenistet, d. h. sie hat buchstäblich dort ein Nest gefunden und ist mit dem Gewebe der Mutter sozusagen zusammengewachsen. Dies bringt uns zum Fest der Erstlingsfrüchte.

	Wanderung durch das Meer	Wunder, Vorgang ist heute geklärt	Gemeinsamer Faktor:
	Ei springt aus dem Eierstock	Vorgang ist bis heute nicht geklärt, grenzt an ein Wunder	Wundersame Überquerung

Wenn ihr in das Land kommt ...

YHWH gab genaue Anweisungen für Sein Volk für die Zeit, wenn sie in das von Ihm gegebene Land kommen.

Das Fest der Erstlingsfrüchte – Einnistung

Fest der Erstlingsfrüchte

Am 15. Nissan wird Chag HaMazzot, das Fest der ungesäuerten Brote, gefeiert. Dieser Tag wird ein Hoher Schabbat, Shabbaton, genannt. Es ist ein siebentägiges Fest vor dem HERRN. Der Tag, der diesem Schabbat während Pessach folgt, ist das Fest der Erstlingsfrüchte, am 17. Nissan. An diesem Tag werden die ersten Früchte der Gersten- oder Getreideernte YHWH dargebracht. Während der Feier schwingt man die Garben der ersten Ernte des Jahres vor YHWH: „Sage den Israeliten und sprich zu ihnen: Wenn ihr in das Land kommt, das ich euch geben werde, und es aberntet, so sollt ihr die erste Garbe eurer Ernte zu dem Priester bringen. Der soll die Garbe als Schwingopfer schwingen vor dem HERRN, dass sie auch wohlgefällig mache. Das soll aber der Priester tun am Tage nach dem Schabbat" (3. Mose 23,10-11).

Dieses Fest ist ein Bild für die Auferstehung Yeshuas, der als „Erstling" aus den Toten auferstanden ist: „Tatsache ist aber, dass der Messias von den Toten auferweckt worden ist, als Erstling derer, die gestorben sind" (1. Korinther 15,20). Er ist genau an dem Tag der Erstlingsfrüchte auferstanden. Yeshua wird auch der Erstgeborene genannt: „Und er ist das Haupt des Leibes, der messianischen Gemeinschaft – er ist der Anfang, der Erstgeborene aus den Toten, damit er den ersten Platz in allem innehabe" (Kolosser 1,15).

Yeshua ist die Erstlingsfrucht der Gerstenernte, also der ersten Ernte, die eingebracht wird.[1)]

1. Yeshua ist der Erstgeborene von Maria (Mirjam): „Die Jungfrau wird empfangen und einen Sohn tragen, und sie werden ihn Immanu-el nennen" (Matthäus 1,23; vgl. Verse 24-25),

2. Yeshua ist der Erstgeborene des Vaters: „Und wiederum, als er seinen Erstgeborenen in die Welt einführt, …" (Hebräer 1,6),

3. Yeshua ist der Erstgeborene der ganzen Schöpfung: „Er ist der Höchste über der ganzen Schöpfung, denn in Zusammenhang mit ihm wurden alle Dinge geschaffen – im Himmel und auf Erden, sichtbar und unsichtbar, ob Throne, Herrschaften, Herrscher oder Obrigkeiten – sie alle wurden durch ihn und für ihn geschaffen" (Kolosser 1,15-16),

4. Yeshua ist der Erstgeborene aus den Toten: „… und von Jeschua dem Messias, dem treuen Zeugen, dem Erstgeborenen aus den Toten und dem Herrscher über die Könige der Erde" (Offenbarung 1,5),

5. Yeshua ist der Erstgeborene unter vielen Brüdern: „… damit er der Erstgeborene unter vielen Brüdern sei" (Römer 8,29),

6. Yeshua ist der Erstling unter den von den Toten Auferstandenen: „Tatsache ist aber, dass der Messias von den Toten auferweckt worden ist, als Erstling derer, die gestorben sind" (Korinther 15,20),

7. Yeshua ist der Anfang: „Und er ist das Haupt des Leibes, der messianischen Gemeinschaft – er ist der Anfang …" (Kolosser 1,18).

Welches ist nun der Zusammenhang zwischen dem Fest der Erstlingsfrüchte und dem Erstling und Erstgeborenen?

Das Schwingopfer der ersten Früchte der Gersten- oder Getreideernte war ein Vorläufer des Schwingopfers der zwei Brote, die an Schawuot YHWH als Erstlingsgabe dargebracht wurden.

Den Israeliten war es nicht gestattet, die ersten Garben der Früchte zu essen, ehe sie diese nicht YHWH als Garbe dargebracht hatten: „Und ihr sollt von der neuen Ernte kein Brot noch geröstete oder frische Körner essen, bis zu dem Tag, da ihr eurem Gott seine Garbe bringt! Das soll euch eine ewige Ordnung sein bei euren Nachkommen, überall, wo ihr wohnt" (3. Mose 23,14).

Aus diesem Grunde sagte Yeshua nach Seiner Auferstehung zu Maria: „‚Fass mich nicht länger an', sagte Jeschua zu ihr (Mirjam) ‚denn ich bin noch nicht zum Vater zurückgegangen'" (Johannes 20,17).

Gemeinsamkeit: Das Fest der Erstlingsfrüchte findet nach drei Tagen und drei Nächten statt und der Weg in die Gebärmutter, „in das verheißene Land", dauert zwei bis sechs Tage.

Einnistung

Das einmal befruchtete Ei, die Zygote, schließt sofort seine äußere Membran. Andere Spermien haben keine Chance mehr. Die Zygote teilt sich in zwei identische Zellen, während sie sich den Eileiter hinunter zur Gebärmutter bewegt, dort wird sie anfangen zu wachsen.

Der Weg zur Gebärmutter dauert zwei bis sechs Tage. Dort angekommen, sucht die befruchtete Eizelle nach einer günstigen Stelle in der Schleimhaut. „Hier dockt sie an, ihre Schale öffnet sich und der Zellkern gleitet in die Schleimhaut", so beschreibt Konzeptionsexperte Markus Kupka [1] das so genannte „Ei-Schlüpfen". Erst jetzt, zwei bis drei Wochen nach der Verschmelzung von Ei- und Samenzelle, der Stunde Null, verbindet sich die winzige Zellkugel mit dem Blutkreislauf der Mutter und bleibt bis zur Geburt direkt mit ihm verbunden.[2]

Nach 7 Tagen	Durchgang durch das Schilfmeer	Fest der Erstlingsfrüchte	Gemeinsamer Faktor:
2 bis 6 Tage	Weg in die Gebärmutter	Einnistung	Reise bis zu sechs Tagen, neuer Ort des Verbleibs

Die Bewegung der Flimmerhärchen im Innern des Eileiters, um das Ei vorwärts zu treiben, erinnert an das Schwingen der Garben vor YHWH.

Unser Herz

Das Omerzählen und Schawuot

YHWH legte fest, dass Erstlingsgarben dargebracht werden sollten. Das hebräische Wort für „Garbe" ist „Omer". Ein Omer ist als „ein Maß für trockene Dinge" definiert und beinhaltet den zehnten Teil eines Epha, welcher zehn Omer Getreidekörner umfasst. Ins Geistliche übertragen repräsentiert die Ernte die Menschen, die ihren Glauben und ihr Vertrauen (Emunah) in den Messias Yeshua setzen. Eine Garbe wird in der Bibel für die Typisierung einer oder mehrerer Personen gebraucht. Eine Garbe steht geistlich gesprochen für einen Menschen, der den Messias in seinem Herzen aufgenommen hat.

Omerzählen und frühe Entwicklung

Den Zeitabschnitt, den wir das Omerzählen nennen, beginnt an dem Tag, der dem Schabbat während Pessach folgt und dauert bis Schawuot. Die Torah ordnet an, dass sieben Wochen zu zählen sind, beginnend mit dem Darbringen des Omers.

Dabei wird der Psalm 119 täglich gelesen, jeweils acht Verse, und die Herzenshaltung jedes Einzelnen vor Gott geprüft.

„Danach sollt ihr zählen vom Tage nach dem Sabbat, da ihr die Garbe als Schwingopfer darbrachtet, sieben ganze Wochen. Bis zu dem Tag nach dem siebten Sabbat, nämlich fünfzig Tage, sollt ihr zählen und dann ein neues Speisopfer dem HERRN opfern" (3. Mose 23,15-16).

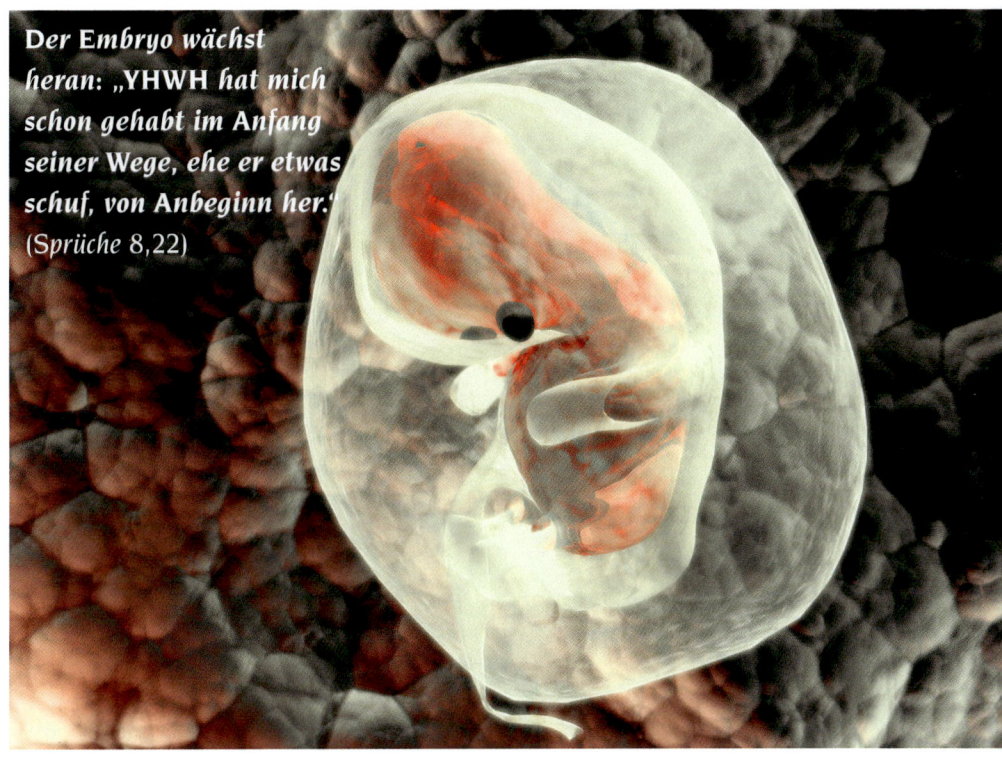

Der Embryo wächst heran: „YHWH hat mich schon gehabt im Anfang seiner Wege, ehe er etwas schuf, von Anbeginn her." (Sprüche 8,22)

Es beginnt eine besonders dramatische Entwicklung. In der Brust des etwa 1,7 Millimeter großen Embryos verbinden sich zwei Adern zu einem Herzen, das in dieser Entwicklungsphase nicht größer als ein Mohnsamen ist. Es nimmt vor dem 21. Tag seine Arbeit auf und schlägt seit dem 22. Tag nach der Befruchtung unregelmäßig und ab dem 25. Tag bereits regelmäßig. Es pumpt Blut durch den Körper und versorgt vor allem das sich in den ersten Wochen stark entwickelnde Gehirn mit Blut und damit auch mit Sauerstoff. Beobachtungen mit dem Elektronenmikroskop zeigen, dass das Gehirn schon in der siebenten Woche Kontaktstellen bildet, die Nachrichten zwischen feinen Nervenfasern übermitteln. Die Wissenschaftler nennen sie Synapsen. Bisher hatte man geglaubt, sie bildeten sich erst nach der Geburt heraus. Gleichzeitig mit diesen Kontaktstellen entstehen vielfältige, netzartige Verbindungen im Gehirn. So werden bereits viel früher, als bisher angenommen, Informationen übermittelt, die der Embryo aus seiner Umwelt enthält. In dieser Zeit macht er einen großen Wachstumssprung.

4 Wochen: Das Herz schlägt schon seit dem 22. Tag. Der Dottersack zwischen Kind und Plazenta ist anfänglich für die Blutbildung zuständig.

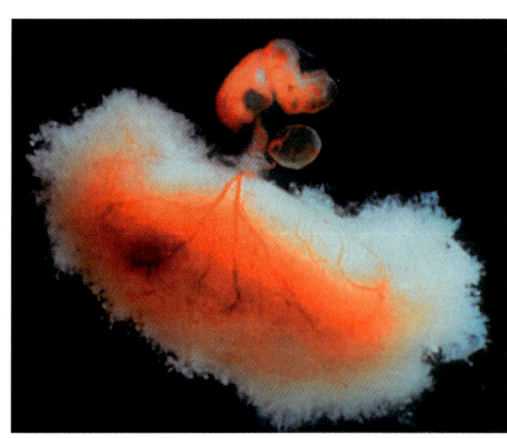

Das Herz beginnt am 22. Tag zu schlagen. 22 Tage? Die Zahl 22 erinnert an die 22 Buchstaben des hebräischen Alphabets. Wo finden wir die Zahl 22 noch? Die hebräischen Schriften weisen 22 Bücher auf. Jakob ist die 22. Generation seit Adam. Jakob trauerte 22 Jahre um seinen vermissten Lieblingssohn Joseph. Der Mensch hat 22 autosome Chromosomenpaare. Allein der menschliche Schädel beheimatet 22 Knochen und diese werden beim Kopfnicken bewegt. Der 7-flammige Leuchter hat 22 Blütenkelche. Der 22. Psalm ist der Leidenspsalm Yeshuas, weil er über die Leiden und die Herrlichkeit des Gerechten spricht. Die Verbindung zum nächsten Fest, Schawuot, ist das Herz.

Schawuot – vom Embryo zum Fötus

Schawuot

Schawuot fällt auf den folgenden Tag, nachdem man das Omerzählen beendet hat. Das Fest wird in Gedenken an das Geben der Torah gefeiert. An diesem Tag gab YHWH durch Mose dem Volk die Ketuba, den Ehevertrag. Ferner fiel die Ausgießung des Ruach HaKodesch genau auf diesen Tag. Als sie aber die Predigten von Petrus (Kefa) am Tage von Schawuot hörten, „ging es ihnen durchs Herz; und sie sagten zu Kefa und den anderen Gesandten: ‚Brüder, was sollen wir tun?' Wendet euch ab von der Sünde, kehrt um zu Gott ..." (Apostelgeschichte 2,37-38).

YHWH führte Sein Volk aus Ägypten zum Berg Sinai, um sich dort mit ihnen zu verheiraten. Ein jüdischer Ehevertrag enthielt alle Absprachen für das zukünftige Zusammenleben der Eheleute, so auch hier. YHWH legt mit der Torah Seiner Braut, den 12 Stämmen Israels, einen Ehevertrag vor, dem das Volk laut zustimmt: „Alles, was der Herr geredet hat, wollen wir tun" (2. Mose 19,8). Nachdem das Volk sich unmittelbar danach von YHWH abgewandt und gesündigt hatte und fremdgegangen war, erhielt Mose erneut die Zehn Worte (Zehn Gebote) YHWHs auf Steintafeln.

Warum auf Steintafeln? Dies war ein prophetischer Akt YHWHs, um Seinem Volk ihre steinernen Herzen vor Augen zu führen. YHWH sprach später durch Seine Propheten davon (Jeremia 31,31 und 33), dass Er Seinen Bund mit Seinem Volk erneuern würde und Seine Torah und Seine Unterweisungen durch Seinen Ruach HaKodesch auf ihre Herzenstafeln, auf fleischerne Herzen, schreiben würde. Dies ist an Schawuot nach der Auferstehung Yeshuas geschehen. Es ging und geht YHWH immer um die Beschneidung unseres Herzens, um als ein ausgesondertes Volk für Ihn zu leben. Der Unterschied zwischen der Zeit, die in der Tenach (AT) festgehalten ist, und der Zeit, die in der Brit Chadaschah (NT) beschrieben ist, ist folgender: Während der Zeit der Tenach, Schawuot am Sinai bis Schawuot in Jerusalem, nach der Auferstehung Yeshuas, waren Seine Unterweisungen auf Steintafeln aufgeschrieben; seit Schawuot in Jerusalem – 50 Tage nach der Auferstehung Yeshuas – sind Seine Unterweisungen durch den Ruach HaKodesch direkt in unser Inneres gelegt und auf unser Herz geschrieben.

Vom Embryo zum Fötus

Nach fünfzig Tagen hat der Embryo die Größe einer kleinen Traube. Seine winzigen Finger und Füße formen sich. Ab und zu bewegt er sich sprunghaft. Seine Leber produziert ständig rote Blutkörperchen, bis sich das Knochenmark bildet und diese Funktion übernehmen kann.

Die achte Schwangerschaftswoche (sieben Wochen + mehrere Tage schwanger) kennzeichnet den Beginn einer sehr bewegten Entwicklungsphase. Von jetzt an bis zur 21. Woche wird das Baby sehr schnell wachsen. Die Organe, die sich in den ersten Lebenswochen gebildet haben (wie Herz und Gehirn), werden komplexer und differenzieren sich immer weiter. Nun beginnt auch die Bildung von Zähnen und Gaumen. Die Haut des Fötus ist dünn wie Papier und die Adern sind deutlich sichtbar.

Nach diesen acht Wochen Reifezeit ist das Ungeborene am Ende seiner embryonalen Entwicklung angelangt. Es ist körperlich schon ganz ausgebildet, wenn auch noch nicht fertig.

Der Embryo wird nun als „Fötus" bezeichnet. Er ist körperlich schon ganz ausgebildet, wenn auch noch nicht fertig. Alles ist da: Arme und Hände, er kann seine Finger um „Gegenstände" in seiner Hand schließen. Mose brachte im vergleichbaren Abschnitt des Festzyklusses die „Zehn Worte" YHWHs auf Steintafeln in seinen Händen vom Berg Sinai herunter, und zwar an Schawuot. Zurück zum Fötus und der Aufzählung, was bereits vorhanden ist: Er hat Beine, innere Organe, Geschlechtsorgane und Augenlider. Sein Geruchs- und Geschmackssinn beginnt sich zu entwickeln. Das leicht süßliche Fruchtwasser, in dem er schwimmt, kann er bereits schmecken.

Nach Beendigung des Omer-Zählens	Schawuot	Beschneidung des Herzes durch die Unterweisungen YHWHs.	Gemeinsamer Faktor:
Entwicklungsschritt	22. Tag	Das Herz beginnt zu schlagen.	Herz

Psalm 139,13-14: „Denn du hast meine Nieren bereitet und hast mich gebildet im Mutterleibe. Ich danke dir dafür, dass ich wunderbar gemacht bin; wunderbar sind deine Werke, das erkennt meine Seele."

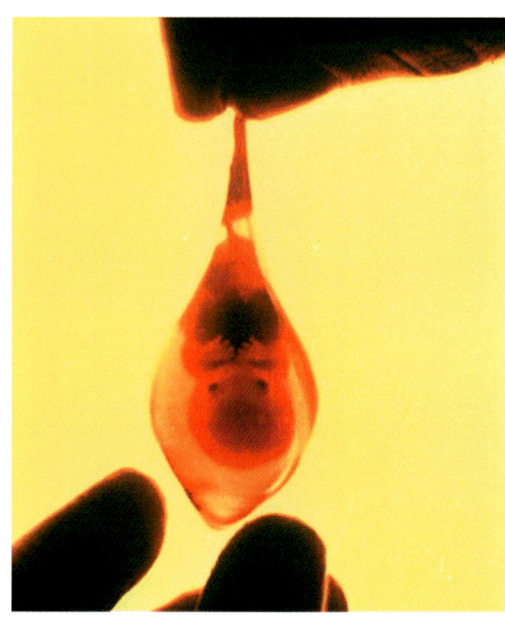

7 Wochen:
Embryo wie ein Tropfen in der Fruchtblase.

„Von allen Seiten umgibst du mich und hältst deine Hand über mir" (Psalm 139,5).

Nach Abschluss der Frühlingsfeste zieht das Volk zurück in seine „Zelt-Dörfer" und ist mit Wachstum und Ernte beschäftigt. Über die Sommermonate „geschieht nichts Neues". Auch bei dem Fötus werden in dieser Zeit keine neuen Organe angelegt – in der Zeit bis zum siebten Monat wächst nur das, was bisher existent ist durch Zunahme an Größe und Differenzierung der Organe.

Höre!

Im Hebräischen ist das Konzept des Hörens immer mit „Tun" verbunden. „Höre" heißt im Hebräischen: „Schma". Das „Schma Israel" ist das älteste Glaubensbekenntnis und beinhaltet das Bekenntnis zur Einheit und Einzigartigkeit YHWHs: Sch`ma Israel adonai elohenu adonai echad.

„Höre, Israel, der HERR ist unser Gott, der HERR allein. Und du sollst den HERRN, deinen Gott, liebhaben von ganzem Herzen, von ganzer Seele und mit all deiner Kraft. Und diese Worte, die ich dir heute gebiete, sollst du zu Herzen nehmen und sollst sie deinen Kindern einschärfen und davon reden, wenn du in deinem Hause sitzt oder unterwegs bist, wenn du dich niederlegst oder aufstehst …" (5. Mose 6,4-7).

Dieses „Schma", „hören und tun" ist erst möglich nach Ausbildung des Gehörs – und genau dieses geschieht parallel zu Jom Terua!

Das 3. Trimester – 7. bis 10. Monat

Ein Gläubiger, der mit YHWH bis jetzt durch den Jahreskreislauf der Feste gegangen ist, bereitet sich jetzt intensiv auf die Herbstfeste vor. Ebenso bereitet sich eine Mutter, die ihr Kind in allen Entwicklungsphasen begleitet hat, jetzt auf das letzte Trimester vor. Im dritten Trimester nimmt das Baby weiterhin an Größe und Gewicht zu. Es ist jetzt lebensfähig, sollte es als Frühgeburt zur Welt kommen, auch wenn bis zum Geburtstermin jede weitere Woche im Mutterleib besser für seine Entwicklung ist.

Mit dem Monat Elul beginnt eine besondere Zeit. Sie ist bekannt als Teschuwa, was auf Deutsch „umkehren" oder „bereuen" bedeutet. Ihre Dauer beträgt 40 Tage und endet an Jom Kippur, dem Großen Versöhnungstag. Nach 30 Tagen Teschuwa, am ersten Tag des Monats Tischri, wird Rosch HaSchana oder Jom Terua gefeiert. Hiermit beginnt eine zehn Tage dauernde Schlussphase, die mit Jom Kippur endet.

Jom Terua – Gehörorgane

Jom Terua

Für Jom Terua oder Rosch HaSchana existieren folgende Namen:[1]

1. Teschuwa (Buße),
2. Rosch HaSchana (der Kopf des Jahres, der Geburtstag der Welt, der Neujahrstag),
3. Jom Terua (der Tag des Blasens zum Erwachen, das Fest der Trompeten),
4. Jom HaDin (der Tag des Gerichts),
5. HaMelech (die Krönung des Messias),
6. Jom HaZikkaron (der Tag der Erinnerung oder des Gedenkens),
7. Chevlai shel Mashiach (die Zeit der Trübsal Jakobs oder auch die Geburtsschmerzen des Messias),
8. Das Öffnen der Tore,
9. Kiddushin/Nesu'in (die Hochzeitszeremonie),
10. Natzal (die Auferstehung der Toten, die Entrückung),
11. Schofar (das letzte Schofar),
12. Jom HaKeseh (der verborgene Tag).

Jom Terua ist das einzige Fest, welches zwei Tage gefeiert wird und bekannt ist als „der Tag und die Stunde, die niemand kennt". Der Grund dafür ist, dass es am ersten Tag des Monats, Rosch Chodesch, gefeiert wird, der mit der Sichtung des Neumonds beginnt. Weil nun ein Mond-Monat 29 ½ Tage dauert, ist selbst in Jerusalem nie exakt vorhersehbar, an welchem Abend der Neumond erscheint. Ist es am 29. oder aber am 30. des Monats?

Am ersten Tag des siebten Monats ist der „Tag des Posaunenblasens" oder „Jom Terua". Das Blasen der Posaune bzw. des Schofars läutet zehn Tage der Heiligung ein. Das Blasen des Schofars ist eine laute und deutliche Warnung an Sünder, zu YHWH umzukehren.

„Sage zu den Israeliten: Am ersten Tag des siebenten Monats sollt ihr Ruhetag halten mit Posaunenblasen zum Gedächtnis, eine heilige Versammlung. Da sollt ihr keine Arbeit tun und sollt dem HERRN Feueropfer darbringen" (3. Mose 23,24-25).

Gehörorgane

Von Kopf bis Fuß, mit ausgestreckten Beinen, ist das Baby jetzt etwa 37 Zentimeter groß. Es wiegt etwas mehr als 750 Gramm. Die Augen des Babys beginnen sich zu öffnen. Die Reaktion auf Geräusche wächst gegen Ende des siebten Monats stetig, sobald das Nervengeflecht der Ohren vollständig entwickelt ist. Das Gehör des Babys ist jetzt soweit entwickelt, dass es die Stimme seiner Mutter erkennen und auch Töne unterscheiden kann. Und da das Fest des Posaunenblasens seinen Schwerpunkt im Blasen des Schofars hat, ist diese Entwicklung, jetzt Töne wahrnehmen zu können, sehr bemerkenswert.

Das Kind macht bereits kleine Atemzüge als Vorbereitung auf die Zeit nach seiner Geburt – auch wenn es jetzt noch Fruchtwasser einatmet.

„Meine Schafe hören auf meine Stimme, ich erkenne sie, sie folgen mir, und ich gebe ihnen ewiges Leben" (Johannes 10,27).

7. Monat: 1. Tag	Jom Terua – Fest des Schofar- blasens	Hören und Buße tun!	Gemeinsamer Faktor:
7. Schwanger- schaftsmonat		Hörorgane sind ausgereift, es werden Töne unterschieden.	Hören

Jom Kippur – Blut

Jom Kippur

Yom Kippur ist der zentrale und höchste Tag der Versöhnung zwischen YHWH und den Menschen im Judentum. Er wird am zehnten Tag des siebten Monats gefeiert. Jom Kippur ist ein hochheiliger Tag, an dem gefastet, gebetet und Buße getan wird. Wir begehen diesen Tag in Erinnerung an das Opfer Yeshuas, der zur Vergebung für unsere Sünden geopfert worden ist. So spielt „Blut" an diesem Tag eine besondere Rolle. Ohne Blut gibt es keine Versöhnung, keine Wiederherstellung der zerstörten Beziehung zwischen YHWH und den Menschen (Hebräer 9,22).

Somit wurde durch den Hohepriester an diesem Tag Blut zur Vergebung der Sünden für sich und das Volk auf den Altar versprengt. Sieht man sich die Anweisung für diesen Tag genauer an, so stellt man fest, dass der Hohepriester in der Stiftshütte nur an diesem einzigen Tag im Jahr das Allerheiligste betreten durfte – und dieses nur, nachdem er sich selbst rituell gereinigt hatte. Für den Fall, dass dieser Mann die Gegenwart YHWHs nicht überleben würde, band man ihm eine Schnur um eine Ferse. Dann betrat er das Allerheiligste, in dem die Bundeslade mit den beiden Cherubinen stand.

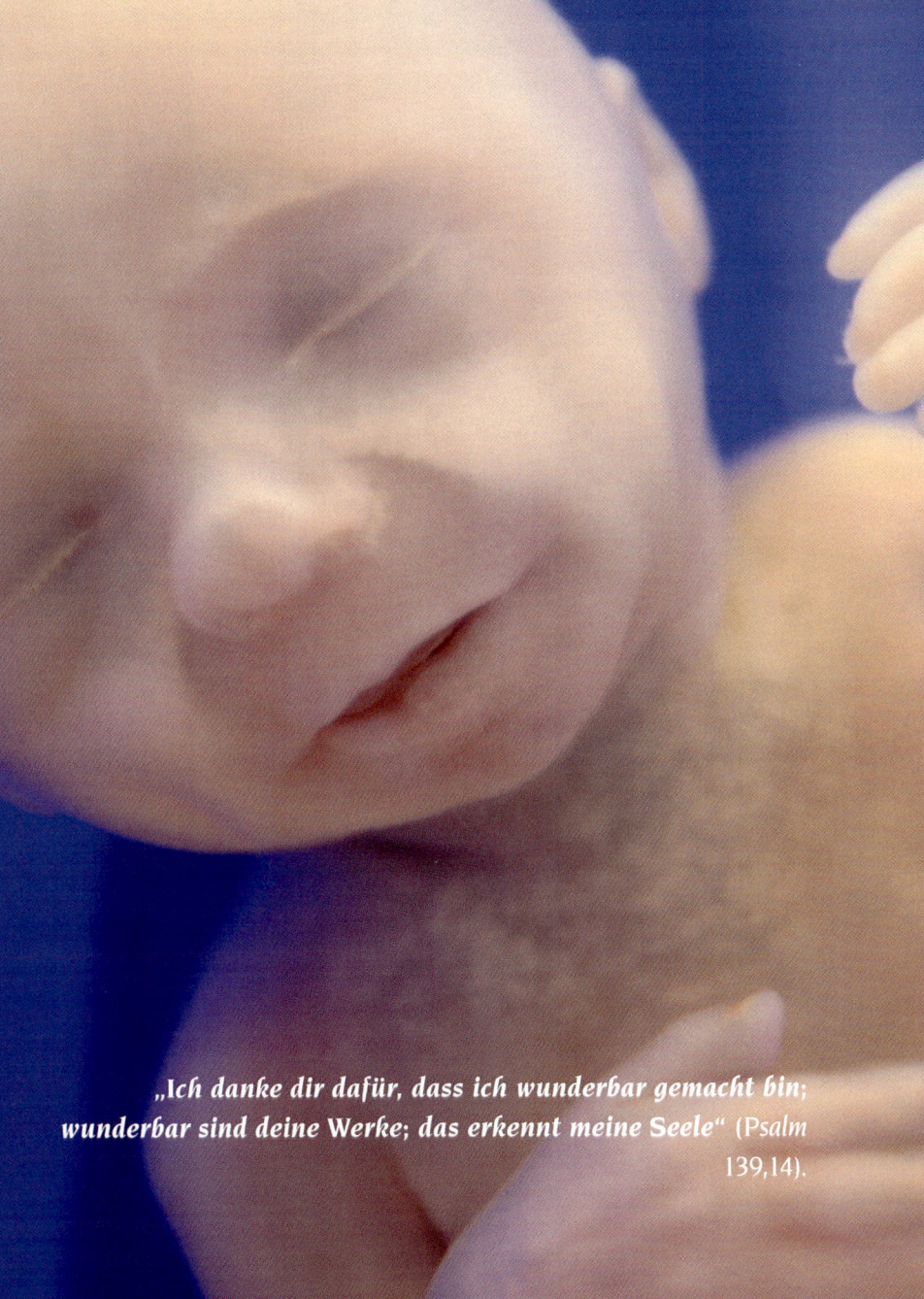

„Ich danke dir dafür, dass ich wunderbar gemacht bin;
wunderbar sind deine Werke; das erkennt meine Seele" (Psalm
139,14).

Nachdem er dort reichlich Räucherwerk geopfert hatte, sprengte er Blut zur Versöhnung auf den Altar – und zwar zum einen in Ost-Westrichtung, zum anderen in Nord-Südrichtung. Damit markierte der Hohepriester ein Kreuz – am Großen Versöhnungstag zur Vergebung der Sünden des Volkes!

„Am zehnten Tage in diesem siebten Monat ist der Versöhnungstag. Da sollt ihr eine heilige Versammlung halten und fasten und dem HERRN Feueropfer darbringen und sollt keine Arbeit tun an diesem Tage, denn es ist der Versöhnungstag, dass ihr entsühnt werdet vor dem HERRN, eurem Gott" (3. Mose 23,27-28).

YHWH setzte Jom Kippur bewusst vor das Laubhüttenfest (Sukkot), das „die Zeit unserer Freude" genannt wird. Die Kinder Israel (und alle an den Messias Yeshua Gläubigen) konnten erst jubeln, wenn sie erlöst waren und wussten und erfahren hatten, dass ihre Sünden vergeben sind.

Die Rolle des Blutes in der Bibel

Das Blut[1)]

- ist ein Merkmal des Bundes: „Ebenso nahm er einen Becher Wein, machte die Berachah und gab ihn ihnen mit den Worten: Trinkt alle daraus! Denn das ist mein Blut, das den Neuen Bund besiegelt, mein Blut, vergossen für viele, damit ihnen ihre Sünden vergeben werden." (Matthäus 26,27-28),

- gibt ewiges Leben: „Da sagte Jeschua zu ihnen: Ja, wahrhaftig! Ich sage euch, dass ihr kein Leben in euch haben könnt, wenn ihr nicht das Fleisch des Sohnes des Menschen eßt und sein Blut trinkt." (Johannes 6,53),

- bringt Erlösung: „In der Vereinigung mit ihm, durch das Vergießen seines Blutes, sind wir befreit – unsere Sünden sind vergeben, das entspricht dem Reichtum der Gnade, die er über uns ausgegossen hat." (Epheser 1,7),

- stiftet Versöhnung: „Gott hat Jeschua hingestellt als Kapparah (Versöhnung, Sühnegabe) für die Sünde durch seine Treue in Hinsicht auf seinen blutigen Opfertod." (Römer 3,25),

- rechtfertigt vor YHWH: „Wenn wir nun durch seinen blutigen Opfertod für gerecht erachtet werden, wie viel mehr werden wir durch ihn aus dem Zorn des göttlichen Gerichtes erlöst werden!" (Römer 5,9),

- gibt uns Vergebung: „Wenn wir unsere Sünden eingestehen, dann wird er sie uns vergeben und uns von allem Unrechttun reinigen, denn er ist vertrauenswürdig und gerecht." (1. Johannes 1,9),

- bereitet Aussöhnung: „Denn es gefiel Gott, die ganze Fülle seines Wesens in seinem Sohn lebendig werden zu lassen und durch seinen Sohn alle Dinge, sei es auf Erden oder im Himmel, mit sich selbst zu versöhnen, durch ihn Frieden zu schließen, indem er seinen Sohn bei der Hinrichtung am Pfahl sein Blut vergießen ließ." (Kolosser 1,19-20),

- bereitet Reinigung: „Wenn wir aber im Licht wandeln, wie er im Licht ist, dann haben wir Gemeinschaft miteinander, und das Blut seines Sohnes Jeschua reinigt uns von aller Sünde." (1. Johannes 1,7) und

- macht uns zu Überwindern: „Sie haben ihn besiegt wegen des Blutes des Lammes und wegen der Botschaft ihres Zeugnisses." (Offenbarung 11,12).

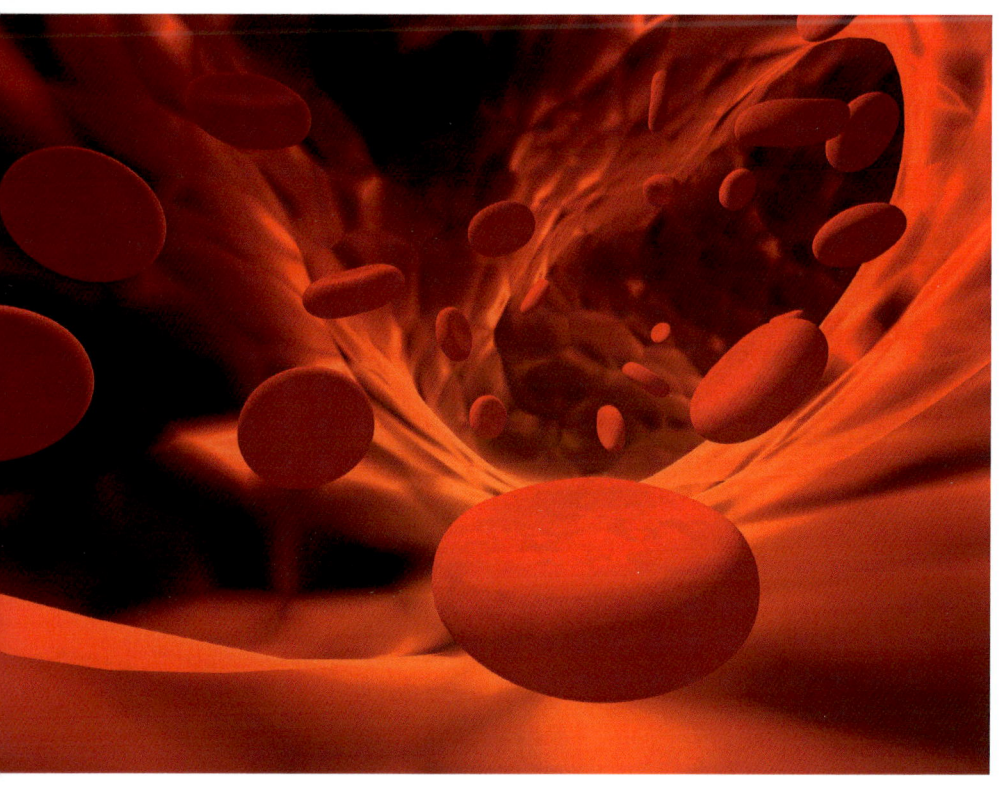

„Denn des Leibes Leben ist im Blut,
und ich habe es euch für den Altar gegeben, dass ihr damit entsühnt werdet.
Denn das Blut ist die Entsühnung, weil das Leben in ihm ist"
(3. Mose 17,11).

Im Wachstumszyklus eines Babys ist der zehnte Tag des siebten Monats von größter Wichtigkeit. Das Blut verändert seine Form. Das ungeborene Kind hat fetales Hämoglobin (HBF). Hämoglobin ist der Bestandteil der roten Blutkörperchen, der den Sauerstoff aus der Lunge im Organismus verteilt. Dieses fetale Hämoglobin ist nur ein Provisorium, welches dann von dem individuellen, adulten Hämoglobin ersetzt wird.

Wenn wir uns veranschaulichen, in welcher Situation sich der Fötus im Mutterleib befindet, wird uns schnell klar: Die einzige Verbindung, die zwischen Mutter und Kind besteht ist die Plazenta. Hier muss alles Wichtige zum Kind gelangen: Nährstoffe und vor allem Sauerstoff. Da aber durch die Blut-Plazentaschranke kein sauerstoffreiches Blut von der Mutter zum Kind gelangen kann, hat die Natur auf die Idee vom Myoglobin zurückgegriffen. Da das fetale Hämoglobin eine höhere Bindungsfähigkeit für Sauerstoff hat als das mütterliche Hämoglobin, „zieht" es sozusagen den Sauerstoff vom adulten Hämoglobin der Mutter ab[2]. Der Wechsel vom fetalen zum adulten Hämoglobin beginnt im 7. Monat, in der Zeit von Jom Kippur. Warum ist das von so großer Wichtigkeit? Das Baby muss sich auf den Tag vorbereiten, wo es allein atmen wird.

Der letzte Abschnitt dieser wunderbaren Veränderungen beginnt in der zweiten Woche des siebten Monats.

7. Monat	Jom Kippur	Blut wird auf den Altar versprengt zur Vergebung der Sünden.	Gemeinsamer Faktor:
7. Schwangerschaftsmonat		Wechsel vom fetalen zum adulten Hämoglobin.	Blut

Sukkot – Lungen

Sukkot

Sukkot wird gewöhnlich übersetzt als „Laubhüttenfest" oder das „Fest der Laubhütten". Es dauert sieben Tage lang und findet vom 15. bis zum 21. Tischri statt. Somit gibt es einen direkten Übergang von Jom Kippur mit seiner düsteren Stimmung der Buße und des Gerichts hin zu einem Fest des Jubels und Feierns. An Sukkot gebietet YHWH Seinem Volk, sich Hütten zu bauen (Sukka; pl. Sukkot) und diese zu ihrer vorübergehenden Wohnung zu machen. Die Torah identifiziert die Hütte (Sukka) mit den vorläufigen Wohnungen, in denen die Israeliten in der Wüste lebten, nachdem sie Ägypten verlassen hatten, um ins verheißene Land zu ziehen. Es ist eine Zeit der Freude.

Für Sukkot existieren folgende Namen:[1]

1. Die Zeit unserer Freude.
2. Das Fest der Zusammenkunft.
3. Das Fest der Nationen.
4. Das Fest der Weihe.
5. Das Fest des Lichtes.

„Am fünfzehnten Tage des siebenten Monats, wenn ihr die Früchte des Landes einbringt, sollt ihr ein Fest des HERRN halten sieben Tage lang. Am ersten Tag ist Ruhetag und am achten Tag ist auch Ruhetag" (3. Mose 23,39).

Das Fest ist auch als Laubhüttenfest bekannt: „Sieben Tage sollt ihr in Laubhütten wohnen. Wer einheimisch ist in Israel, soll in Laubhütten wohnen, dass eure Nachkommen wissen, wie ich die Israeliten habe in Hütten wohnen lassen, als ich sie aus Ägyptenland führte" (3. Mose 23,42-43).

Die Laubhütte (Sukka) beschreibt nur eine vorübergehende Wohnstätte. Historisch sollte es die Menschen an ihren Auszug aus Ägypten erinnern. Prophetisch weist die Laubhütte (Sukka) auf das zukünftige Messianische Königreich, das Millennium, hin. Eine Laubhütte (Sukka) soll uns daran erinnern, dass wir nur Fremde und Pilger auf dieser Erde sind, hier ist nur unsere vorübergehende Wohnstätte. Gläubige sind nur Fremde und Pilger auf dieser Erde .

Auch ist unser irdischer Körper nur eine zeitweilige Wohnstätte. Bei dem zweiten Kommen des Messias werden wir ein neues und himmlisches Haus empfangen, einen verherrlichten Körper.

Es gibt viele Überlegungen und Aussagen, dass Yeshua zu dieser Zeit, also etwa im September, geboren wurde. Das Wort bekam Fleisch und wohnte unter uns.

So wie man in dieser Zeit außerhalb der eigenen vier Wände wohnt, wäre ein Kind, wenn auch frühgeboren, außerhalb der Gebärmutter jetzt lebensfähig.

Lungen

Das Kind macht bereits kleine Atemzüge als Vorbereitung auf die Zeit nach seiner Geburt – auch wenn es jetzt noch Wasser einatmet. Der Geist und der Atem sind ähnliche biblische Konzepte. YHWH blies seinen Atem in Adam, und machte ihn damit zum lebendigen Wesen.

Das Kind nimmt nun die gesamte Gebärmutterhöhle ein. Durch den immer enger werdenden Raum rollt sich das Ungeborene häufig in die typische Embryonalstellung ein. In den letzten vier Wochen der Schwangerschaft senkt sich der Kopf des Kindes in das kleine Becken der Mutter. Die letzten Geburtsvorbereitungen laufen in vollem Gang.

7. Monat	Sukkot	Erinnerung an die Wüstenzeit, also ein Leben außerhalb der eigenen vier Wände.	Gemeinsamer Faktor:
7. Schwanger-schaftsmonat	Lungen	Erste Atemzüge als Vorberei-tung zum Leben außerhalb der „Sukka" der Mutter.	Leben außerhalb der eigenen „vier Wände"

Chanukka – Entbindung

Chanukka

Chanukka erinnert an das Fest der Wiedereinweihung des zweiten jüdischen Tempels in Jerusalem im Jahr 165 vor Yeshua. Nach dem erfolgreichen Makkabäeraufstand der Juden aus Judäa gegen hellenisierte Juden und makedonische Syrer, beseitigten sie den im jüdischen Tempel von Griechen errichteten Zeus-Altar und führten ihren Tempeldienst wieder ein.[1] Dieses im Wort YHWHs verankerte Fest hat einen prophetischen Charakter für das Ende der Tage. Es wird nach zehn Mondmonaten oder 280 Tagen im hebräischen Kalender gefeiert.

Entbindung

Am Ende seiner Entwicklung legt das Kind noch einmal kräftig zu und erwirbt noch eine weitere wichtige Fähigkeit. Am Ende seiner vorgeburtlichen Zeit reagiert es bereits, wenn ein sehr helles Licht auf den Mutterleib gerichtet wird: Es kann sehen. Der letzte seiner Sinne ist funktionsfähig geworden und die Augen haben auch etwas mit der Wahrnehmung des Lichtes von Chanukka zu tun.

Nach zehn Mondmonaten oder 280 Tagen ist der Fötus jetzt gut auf die Geburt vorbereitet. Welch eine Freude ist es, das neugeborene Kind dann YHWH zu weihen. Auch hier gibt es hochinteressante Parallelen: Das Chanukka-Fest erinnert, wie oben beschrieben, an die von Judas Makkabäus veranlasste Wiedereinweihung des Tempels in Jerusalem im Jahre 165 vor Yeshua. Bei der Wiedereinweihung des Tempels hatte man nur noch für einen Tag rituell hergestelltes reines Öl für die Menorah, den siebenarmigen Leuchter. Die Erzeugung von weiterem Öl nahm acht Tage in Anspruch. Voller Freude über das neue Leben im Tempel zündete man mit dem Rest Öl die Lichter an – und es war ein Wunder, dass dieser Rest Öl die Lampen am Brennen hielt, bis nach einer Woche das neue, rituell reine Öl bereit stand. Somit ist Chanukka das Fest des neuen Lebens, das sich wie ein Wunder durch das neu scheinende Licht und die Freude Seiner Gegenwart zeigt; ebenso wie es sich bei einer Geburt durch eine neue, individuelle Schöpfung aus Seiner Hand offenbart.

280 Tage	Jahreszyklus der Feste unter Einbeziehung des Festes der Tempelweihe.	Jahreszyklus der Feste geht zu Ende.	Gemeinsamer Faktor:
280 Tage	Geburt	Vor der Geburt sind im letzen Monat alle Sehstäbchen differenziert und die Aufnahme von Lichtreizen ist möglich.	280 Tage, Öl => Licht

Bildergalerie eines Neugeborenen

Das neugeborene Baby schläft friedlich unter Seinem Schutz:

„Er wird dich mit seinen Fittichen decken, und Zuflucht wirst du haben unter seinen Flügeln." (Psalm 91,4)

„... und wickelte ihn in Windeln ..." (Lukas 2,7)

Das Baby ist wenige Stunden alt:
„Öffne mir die Augen, dass ich sehe die Wunder an deinem Gesetz.
Ich bin ein Gast auf Erden; verbirg deine Gebote nicht vor mir."
(Psalm 119,18-19)

„Ich kannte dich, ehe ich dich im Mutterleib bereitete,
und sonderte dich aus, ehe du von der Mutter geboren wurdest,
und bestellte dich zum Propheten für die Völker."

(Jeremia 1,5)

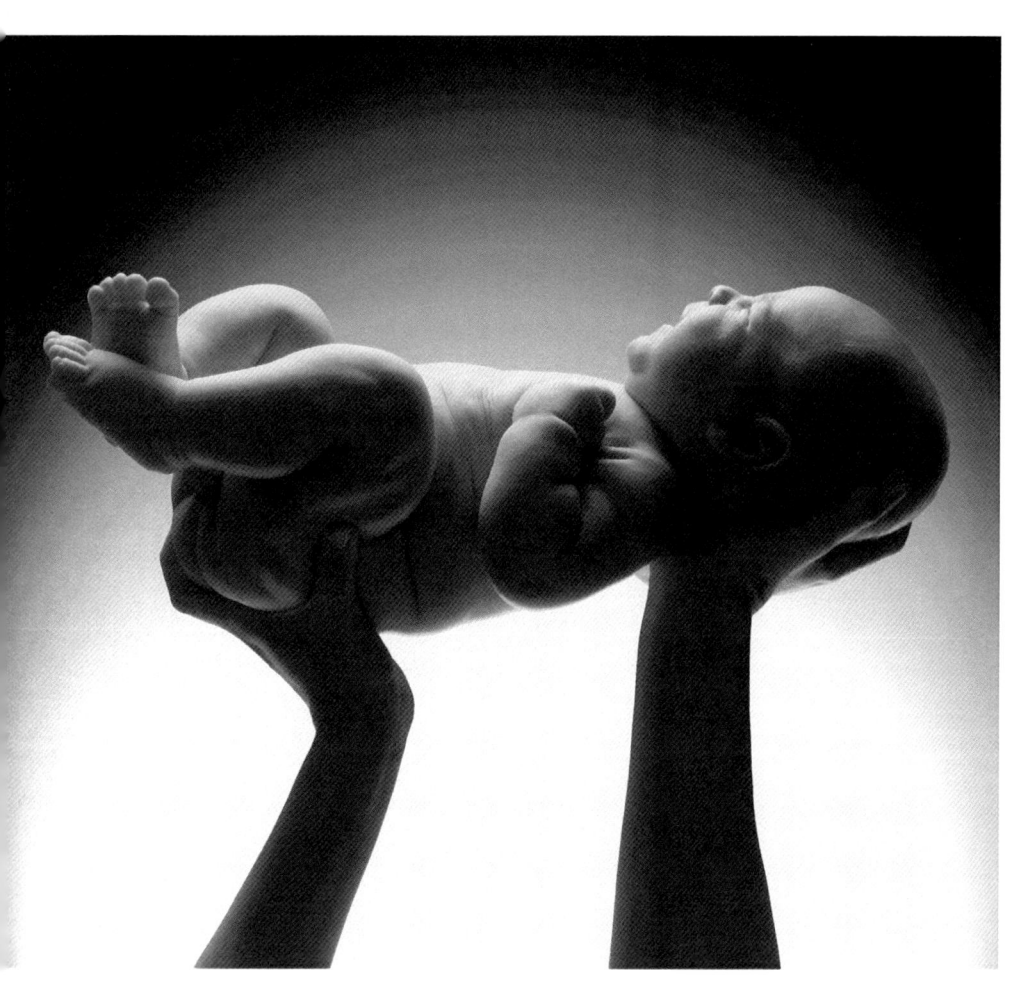

„Siehe, in die Hände habe ich dich gezeichnet."
(Jesaja 49,16)

V. Die verborgene Wirklichkeit – Gedanken zur Quantenphysik

„Denn sobald der Klang deines Gruβes meine Ohren erreichte, hüpfte das Kind in meinem Schoβ vor Freude!" (Lukas 1,44)

„Wunder geschehen nicht im Gegensatz zur Natur, sondern im Gegensatz zu dem, was wir von der Natur wissen" (Augustinus).

Wir wollen es wagen und die Aussage aus Psalm 139,15-16 in die Sprache der Quantenphysik übersetzen: „Es war dir mein Gebein nicht verborgen, als ich im Verborgenen gemacht wurde, als ich gebildet wurde unten in der Erde. Deine Augen sahen mich, als ich noch nicht bereitet war …" YHWH kannte uns, ehe wir im Mutterleib bereitet wurden. Mehr noch, Ihm waren alle unsere Tage bekannt, die noch werden sollten. Dies lautet in Formulierungen der Quantenphysik so: Ehe wir Materie annahmen, waren wir schon als Information existent bzw. angedacht. Lassen wir Dr. Deepak Chopra[1] zu Wort kommen: „Hinter dem sichtbaren Gewand des Universums, hinter der Fata Morgana aus Molekülen, der maya – oder Illusion – der Körperlichkeit, liegt eine natürliche, unsichtbare, nahtlose Matrix aus Nichts. Dieses unsichtbare Nichts orchestriert stumm die Natur, weist sie an, leitet sie, beherrscht sie und zwingt sie, sich mit grenzenloser Kreativität, unendlicher Fülle und unbeirrbarer Genauigkeit in Myriaden von Mustern, Formen und Gestalten auszudrücken." Wir wissen, dass dieses von Dr. Chopra beschriebene „Nichts" YWHW ist. „Indem wir vertrauen begreifen wir, dass das Universum durch ein Wort Gottes geschaffen wurde, so dass das Sichtbare nicht aus bereits existierenden Phänomenen ins Sein kam" (Hebräer 11,3; David H. Stern). Eine andere Bibelübersetzung, wie die Thompson Studien-Bibel, gibt diesen Vers so wieder: „Durch den Glauben erkennen wir, dass die Welt durch Gottes Wort geschaffen ist, so dass alles, was man sieht, aus nichts geworden ist." Auf den ersten Blick scheint sich das mit Dr. Chopras Formulierung zu decken. Wenn man aber ins Griechische geht, so steht dort nicht „nichts", sondern Er ruft das „Unsichtbare in die Wirklichkeit". Dies macht viel mehr Sinn und wird auch so von der Übersetzung David H. Sterns wiedergegeben.

Zu der übereinstimmenden Schlussfolgerung kam auch Max Planck[2], einer der größten Physiker des letzten Jahrhunderts: „Nicht die sichtbare und vergängliche Materie ist das Reale, Wirkliche, Wahre – denn die Materie bestünde, wie wir gesehen haben, ohne diesen Geist überhaupt nicht – sondern der unsichtbare, unsterbliche Geist ist das Wahre. Da es aber Geist an sich allein auch nicht geben kann, sondern jeder Geist einem Wesen zugehört, müssen wir zwingend Geistwesen annehmen. Da aber auch Geistwesen nicht aus sich selbst sein können, sondern geschaffen werden müssen, so scheue ich mich nicht, diesen geheimnisvollen Schöpfer ebenso zu benennen, wie ihn alle Kulturvölker der Erde früherer Jahrhunderte genannt haben: GOTT." Max Planck formuliert hier logische Folgerungen aus den Erkenntnissen der modernen Physik. Natürlich wurden diese und andere Gedankengänge nicht bekannt, verschwanden eher in der Schublade, da sie nicht in das zeitgemäße Weltbild der Physik passten.

Lassen wir noch den Physiker und Begründer der Relativitätstheorie, Albert Einstein[3], der 1921 den Nobelpreis für Physik erhielt, zu Wort kommen: „Im unbegreiflichen Weltall offenbart sich eine grenzenlos überlegene Vernunft. Die gängige Vorstellung, ich sei ein Atheist, beruht auf einem großen Irrtum. Wer sie aus meinen wissenschaftlichen Theorien herausliest, hat sie kaum begriffen ... Nicht Gott ist relativ, und nicht das Sein, sondern unser Denken. Ich glaube nicht, dass Wissenschaft und Religion notwendigerweise Gegensätze sind. Ich denke vielmehr, es gibt zwischen den beiden eine sehr enge Verbindung. Außerdem glaube ich, Wissenschaft ohne Religion ist lahm und Religion ohne Wissenschaft blind. Beide sind wichtig und sollten Hand in Hand arbeiten ... Ich glaube an das Rätselhafte, und offen gesagt, ich begegne diesem Rätselhaften manchmal mit großer Furcht. Mit anderen Worten, ich glaube es gibt im Universum viele Dinge, die wir nicht wahrnehmen oder durchschauen können."

Die Physik ist die Lehre von Dingen, die uns umgeben, die Lehre von Naturgesetzen und der Materie. Und diese Physik sagt uns heute, dass die kleinsten Bauteile unserer Materie nicht aus Materie, sondern aus „Nicht-Stoff" bestehen. Wie kann man sich nun erklären, dass Materie letztlich aus „Nicht-Materie" besteht? Mit anderen Worten, es gäbe die Materie gar nicht ohne diese geistigen Prozesse.

Somit ist Materie nur deren Ausdrucksform. Das heißt, die Naturgesetze, die allem zugrunde liegen, auch dem Entstehen menschlichen Lebens, müssen von jemand geschaffen worden sein. Was sich für uns so selbstverständlich anhört, ist ein Quantensprung innerhalb der Physik: Die Physik Newton's stellte die Welt so dar, wie sie unserer Wahrnehmung entspricht, vermittelt also ein materialistisches Bild der Weltanschauung. Die Quantenphysik heute zeigt uns hingegen, dass die Nicht-Stofflichkeit der Materie dem entspricht, was schon Max Planck[4] als den „Geist" der Materie beschrieb: „Dieser Geist ist der Urgrund der Materie." Der Physiker Sir John A. Fleming formuliert es so: „Die große Fülle moderner Entdeckungen hat den alten Materialismus vollkommen zerstört. Das Universum zeigt sich heute unseren Augen als Gedanke. Ein Gedanke aber setzt das Vorhandensein eines Denkers voraus."

„Wunder geschehen nicht im Gegensatz zur Natur, sondern im Gegensatz zu dem, was wir von der Natur wissen", hat Augustinus treffend formuliert.

Wenn YHWH heute die Zusammenhänge zwischen Seinen Unterweisungen über die Feste des Messias, unter Einbeziehung des Chanukkafestes, und der Entstehung menschlichen Lebens offenbart, ist das im Rahmen der Quantenphysik durchaus nachvollziehbar. Er legt Gesetzmäßigkeiten zu Seinen Festen fest, die sich durch die Information, die zu Materie wird, manifestieren. „Denn meine Gedanken sind nicht eure Gedanken, und eure Wege sind nicht meine Wege, spricht der HERR, sondern so viel der Himmel höher ist als die Erde, so sind auch meine Wege höher, als eure Wege und meine Gedanken als eure Gedanken" (Jesaja 55,8-9).

Wenn wir in Vers 11 weiterlesen: „So soll das Wort, das aus meinem Munde geht, auch sein: Es wird nicht wieder leer zu mir zurückkommen, sondern wird tun, was mir gefällt, und ihm wird gelingen, wozu ich es sende." Materie könnte nach Thomas und Brigitte Görnitz[5] als „kondensierte" (Quanten-)Information verstanden werden: „Wenn die Quanteninformation so verdichtet ist, dass sie im Raume ruhen kann, bezeichnen wir sie als Materie." Mit Anton Zeilinger[6] lässt sich zusammenfassen: „Nicht Materie ist der Urstoff, sondern Information ist der Urstoff des Universums."

Horst W. Beck[7] führt aus, dass man alles Naturgeschehen von geistigen Programmen gesteuert begreifen kann. Es kommt nun darauf an, dass wir diese Programme angemessen deuten und verstehen. Bedeutet das nicht das Ende des Materialismus? So sind erste Umrisse eines neuen Weltbildes zu erkennen: D. h. es muss „außerhalb" unserer Raum-Zeit-Welt eine transzendente Welt geben, in der vorprogrammiert wird, was in unserer sichtbaren Welt geschieht. Diese transzendente Wirklichkeit durchdringt unser Universum: „Von allen Seiten umgibst du mich und hältst deine Hand über mir" (Psalm 139,5). Und genau das wissen wir längst durch Sein Wort: „Deine Augen sahen mich, als ich noch nicht bereitet war." Die Information war da, vorprogrammiert, ehe sie in Materie ausgedrückt wurde. Lothar Schäfer[8] bringt es auf den Punkt: „Das Universum ist also keine lose Sammlung von zusammengewürfeltem und zerstückeltem Schutt, sondern ein (Kommunikations-)netzwerk".

Wolfgang Leisenberg[9] fasst die Deutung, die wir aus der Quantenphysik gewinnen können, so zusammen: „Um unser Raum-Zeit-Universum, in der es Energie und Materie gibt, gibt es einen

„Hyperraum". Dieser Hyperraum ist mit unserem Universum über ein superschnelles cosmic-wide-web verknüpft. Das „kosmische Bewusstsein", YHWH, hat ohne jede Verzögerung aus diesem Hyperraum heraus jederzeit Zugriff zu jedem Punkt des Universums."

Aus der konsequenten Interpretation der Quantenphysik kommt Thomas Görnitz[10] zudem zu der Erkenntnis, die wir längst aus dem Wort YHWHs haben, dass dieses kosmische Bewusstsein Person sein muss. Könnte also YHWHs Wort aus dem gewaltigen Hyperraum, der alles umspannt, kommen? Eine wörtliche (interlinear-) Übersetzung[11] aus dem Hebräischen von Psalm 139,15-16 gibt einen weiteren, interessanten Hinweis auf Information:

Nicht verholen war dir mein Überstarkes (Gebein) weg von dir als ich gemacht wurde in der Verbergung (noch nicht manifestiert, aber als Information schon vorhanden),

ich bebuntet wurde (mit buntfarbiger Herrlichkeit ausgestattet)

in den Unteren (H. W. Beck interpretiert das mit Hyperraum) des Erdlands.

Mein Zusammengerolltes (DNS oder Embryo) sahen deine Augen

und auf deine Urkunde der Zählung waren sie alle (Gebein und DNS) geschrieben.

Tage hindurch wurden sie geformt

und nicht ist einer in ihnen (die Gezählten beim Formen noch ohne Geist).

Das Wort für „Zusammengerolltes" heißt im Hebräischen „Golem". Der erste Buchstabe, das Gimmel, bedeudet in der Bildsprache des Paläohebräischen „hoch erhoben", der zweite Buchstabe Lamed stellt in der Bildsprache einen Stab dar und der dritte Buchstabe Mem steht für Wasser. Übersetzt haben wir im Paläohebräischen einen hocherhobenen Stab im Wasser. Ist das nicht ein wunderbares Bild für die DNS, bebuntet, in farbiger Herrlichkeit ausgestattet?

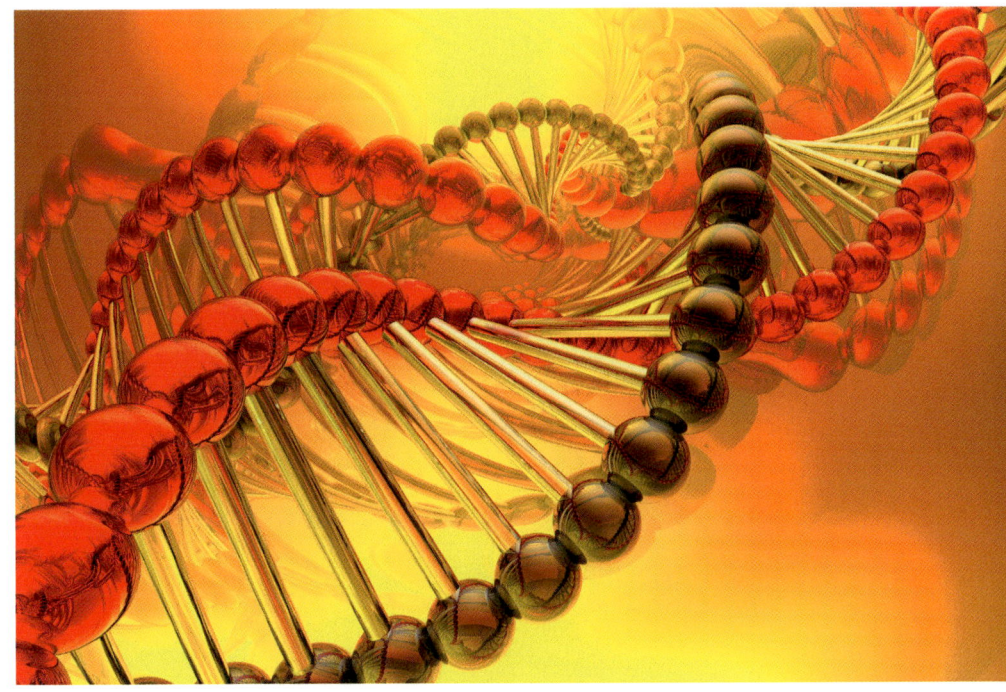

„… als ich gemacht wurde in der Verbergung, ich bebuntet wurde …"
(Psalm 139,15 / „Die Geschriebene")

Viele Physiker stoßen an den Grenzen ihrer Wissenschaft immer wieder an metaphysische Zusammenhänge. Sie, und die heutige Welt mit ihnen, müssen zunehmend einsehen, dass unser modernes Weltbild einer gründlichen Revision bedarf. So ist die materialistische Sichtweise überholt, wenn wir nun wissen, dass es Materie ohne die geistigen Prozesse gar nicht gibt, dass sie gewissermaßen nur deren Ausdrucksform ist. Könnte sich die Revision auch auf unsere christlichen Vorstellungen beziehen, wenn wir erfahren, dass YHWH Parallelen zwischen den 280 Tagen einer menschlichen Schwangerschaft auf der einen und den exakt 280 Tagen des biblischen Festkalenders (unter Einbeziehung von Chanukka) auf der anderen Seite festgelegt hat. Der göttliche Festzyklus umfasst Passah, das Fest der ungesäuerten Brote, das Fest der Erstlingsfrüchte, Schawuot und die Herbstfeste Jom Terua, Jom Kippur und Sukkot.

VI. Weisheit der Torah im Mutterleib

„Ich (die Weisheit) bin eingesetzt von Ewigkeit her, im Anfang, ehe die Erde war" (Sprüche 8,23).

Prinzipien der Schöpfungswoche

Wenn es im Psalm 139,16 heißt: „Deine Augen sahen mich, als ich noch nicht bereitet war, und alle Tage waren in dein Buch geschrieben, die noch werden sollten und von denen keiner da war", dann heißt es doch, dass YHWH uns „gedacht" hat, ehe Er uns geschaffen hat. Er hat uns vor Grundlegung der Welt „erdacht"!

Geschieht die Umsetzung, uns als „gedachtes Wesen" zu erschaffen, nicht wie der Schöpfungsakt selbst? „Im Anfang schuf Gott Himmel und Erde." Zehn Mal heißt es: „Und Gott sprach." Ist nicht auch dieses Schöpfungsprinzip „und Gott sprach" in unserem Leben zum Tragen gekommen?

Am ersten Tag sprach YHWH: „Es werde Licht." Wenn ein Sperma in das Ei eintritt, tritt, wie man heute durch Fotoaufnahmen sichtbar machen kann, helles Licht aus dem Ei, die Befruchtung ankündigend. Dieses erste Licht in der Schöpfungsgeschichte war nicht gebunden an die Himmelskörper, da diese noch nicht erschaffen waren. Es gibt Rabbiner, die dieses in 1. Mose 1,2 erschaffene Licht als „Schechina", als Herrlichkeit Gottes interpretieren, das auf die Erde fiel – im Gegensatz zu dem späteren Licht von Sonne, Mond und Sternen, die erst am vierten Tag erschaffen wurden.

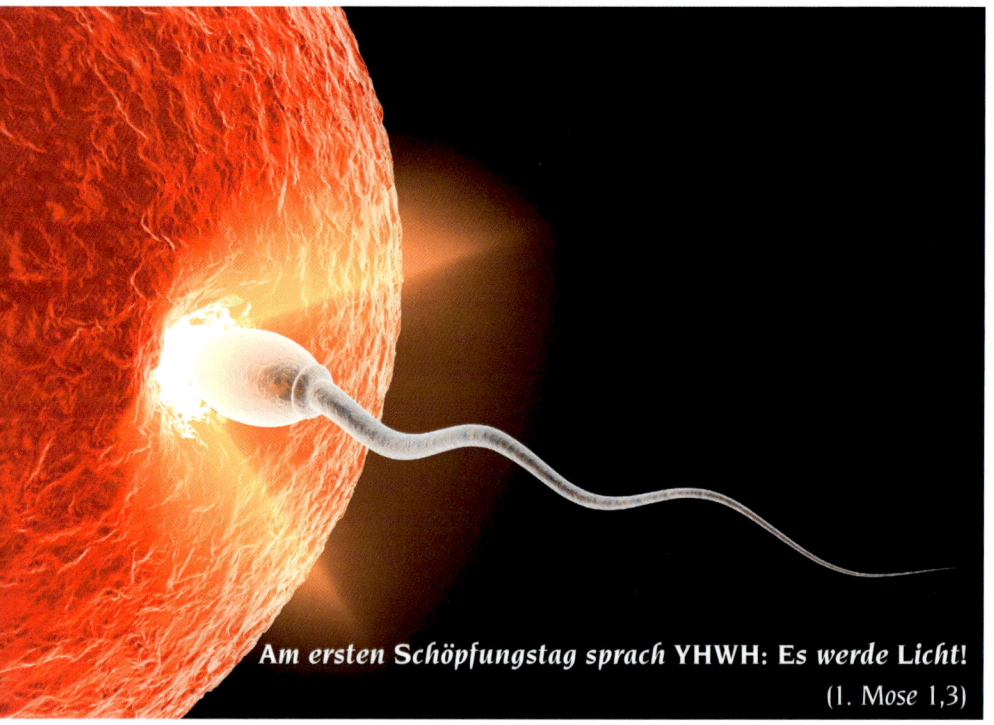

Am ersten Schöpfungstag sprach **YHWH: Es werde Licht!**
(1. Mose 1,3)

Sodann trennte YHWH die Feste zwischen den Wassern. Der Embryo ist wie ein winziger Klumpen trockener Materie in der Fruchthöhle, die mit Fruchtwasser gefüllt ist. So ist eine Scheidung zwischen Fruchtwasser und „neu geschaffenem Trockenem" entstanden.

Innerhalb der Fruchthöhle ist das Trockene da, der Fötus. Erinnert das nicht an: „Es sammle sich das Wasser unter dem Himmel an besondere Orte, dass man das Trockene sehe. Und es geschah so. Und Gott nannte das Trockene Erde, und die Sammlung der Wasser nannte er Meer" (1. Mose 1,9). Die Sammlung der Wasser heißt hier „Fruchtwasser" und das Trockene heißt „Fötus". In der Fruchthöhle befinden sich während der Schwangerschaft 500 ml bis 1000 ml Fruchtwasser, es ist eine klare, alkalische und sterile Flüssigkeit.

„Es sammle sich das Wasser (unter dem Himmel) an besondere Orte, dass man das Trockene sehe." (1. Mose 1,9)

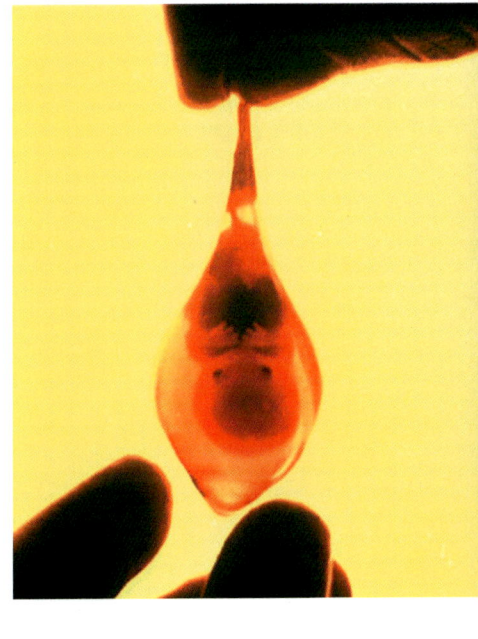

Als nächstes schuf YHWH Gras, Kraut, fruchtbare Bäume mit Samen in ihnen, nach ihrer Art. Findet nicht auch bei der Zellteilung eine Teilung „nach ihrer Art" statt? Die Zellteilung geschieht „nach ihrer Art", denn dann differenzieren sich die Zellen und teilen sich weiter, eben „nach ihrer Art". Und in einer nächsten Dimension wird dies fortgesetzt: Im Embryo ist bereits alles angelegt, so dass eine Fortpflanzung „nach seiner Art" eines Tages möglich sein wird.

Am vierten Tag schuf YHWH die Himmelskörper. Interessant ist, dass bei der Anlage der Augen zunächst einmal zwei tiefe Löcher ohne jeden Sehkörper vorhanden sind. Die beiden Augen werden in diese Löcher hinein erschaffen. Von wem? „Der das Auge gemacht hat, sollte der nicht sehen?" (Psalm 94,9). Durch die Himmelskörper haben wir Tag und Nacht, Sonne und Mond, Licht und dunkel. Wenn wir unsere Augen öffnen, haben wir Licht und nehmen die Umwelt wahr; wenn wir sie schließen, ist es dunkel wie in der Nacht.

„YHWH schuf den Menschen zu seinem Bilde, zum Bilde Gottes schuf er ihn, und schuf sie als Mann und Weib." Wie wir alle wissen, ist auch schon im Verlauf der Schwangerschaft zu erkennen, ob ein Junge oder ein Mädchen geboren wird. In einem gewissen Sinn sind die letzten Wochen vor der Geburt mit einer Ruhephase zu vergleichen, da das Ungeborene zwar noch an Gewicht zunimmt, aber sonst die Zielgerade erreicht hat. „Und so vollendete Gott am siebenten Tage seine Werke, die er machte, und ruhte am siebenten Tag von allen seinen Werken, die er gemacht hatte" (1. Mose 2,2). YHWH vollendete, indem er ruhte. Vollendet nicht auch das Baby seine Entwicklung, indem es bis zur Geburt „ruht"?

Bei der Geburt liegen dann 40 Wochen hinter dem Neugeboren. 40 Wochen? Den Schlüssel zur Symboldeutung der Zahl 40 finden wir in Verbindung mit der Dauer der Wüstenwanderungen von Mose, dem Volk der Israeliten und Yeschua. Die Zahl 40 kann hier als Zubereitungs-, Versuchungs- wie auch als Strafzeit verstanden werden. Es gibt sie aber auch in Verbindung mit einer Segens- und Friedenszeit. So hatte Israel beispielsweise 40 Jahre Ruhe vor seinen Bedrückern (Richter 3,11; 5,31).

40 Schwangerschaftswochen beinhalten auch 40 Schabbate. Schabbat? „Der siebente Tag aber ist ein feierlicher Sabbat, heilige Versammlung. Keine Arbeit sollt ihr an ihm tun; denn es ist ein Sabbat für den HERRN, überall, wo ihr wohnt" (3. Mose 23,3).

Entstehung menschlichen Lebens als messianisches Zeichen

Hätte YHWH nicht viele mögliche Alternativen gehabt, menschliches Leben in Existenz zu bringen und den Menschen auf die Erde zu setzen? Sei es beispielsweise, dass Er Kinder oder Menschen direkt aus dem Himmel auf die Erde hätte bringen können? Mit Raumschiffen und himmlischen Fallschirmen oder begleitet von Engeln, sichtbar oder unsichtbar. Wozu hat Er diese Form über die Gebärmutter gewählt? Wenn wir behaupten, dass sie ein messianisches Zeichen ist, wollen wir damit sagen, dass sie selbst und der Ablauf der Entwicklung menschlichen Lebens in ihr ein Zeichen auf den Messias hin ist.

YHWH arbeitet in der Torah mit Bildern, um Botschaften für uns zu transferieren. In der Brit Chadaschah, dem Neuen Testament, haben wir dafür die Umsetzung, die Realisation.

Dieses Prinzip sei an einem Beispiel konkretisiert. Yeshua, der Messias, starb und ist nach drei Tagen und drei Nächten wieder auferstanden. Das ist in der Brit Chadaschah die Realisation von einer Botschaft, die YHWH im Tenach in vielen Bildern vorweggenommen hat. Wir wissen aus Jesaja 46,10: „Ich habe von Anfang an verkündigt, was hernach kommen soll, und vorzeiten, was noch nicht geschehen

„Wohin soll ich gehen vor deinem Geist,
und wohin soll ich fliehen vor deinem Angesicht?"

(Psalm 139,7)

ist." Da YHWH das Ende, in unserem Beispiel den Tod und die Auferstehung des Messias, von Anfang an verkündet, gibt es in der Torah eine Fülle von Beispielen, die den Tod und die Auferstehung nach drei Tagen und drei Nächten thematisch vorwegnehmen. Das Konzept der Torah dabei ist, dass YHWH uns in ihr ein Bild für den Tod und die Auferstehung zeigt. „Aber der HERR ließ einen großen Fisch kommen, Jona zu verschlingen. Und Jona war im Leibe des Fisches drei Tage und drei Nächte" (Jona 2,1). Der Leib des Fisches ist ein Bild für den Tod, auch wenn Jona nicht buchstäblich gestorben war oder vielleicht doch? Es gibt Auslegungen, die davon ausgehen, dass Jona wirklich tot gewesen ist im Bauch des Fisches. Jona schrie „aus dem Rachen des Todes" (Jona 2,3). Die Aussage „und der HERR sprach zu dem Fisch und der spie Jona aus ans Land" ist ein thematisches Bild für die Auferstehung nach drei Tagen und drei Nächten. Die Zahl 3 ist mit der Auferstehung verbunden und somit ein Zeichen für sie. Yeshua bestätigt dieses Torah-Konzept am Beispiel von Jona. Und dieses Zeichen des Jona war das einzige Zeichen (hebräisch: ot), das Yeshua den Schriftgelehrten und Pharisäern gegeben hat, als sie um ein Zeichen baten: „Eine gottlose und ehebrecherische Generation bittet um ein Zeichen? Nein! Kein anderes wird ihr gegeben werden als das Zeichen des Propheten Jona. Denn so wie Jona drei Tage und drei Nächte im Bauch des Seeungeheuers war, so wird der Sohn des Menschen drei Tage und drei Nächte in den Tiefen der Erde sein", nachzulesen in Matthäus 12,39-40.

Ein weiteres Beispiel: Josef. Er wurde von seinen Brüdern in eine Grube geworfen: „... aber die Grube war leer und kein Wasser darin" (1. Mose 1,24). Die Grube ist ein Bild auf den Tod hin, denn ohne Wasser ist kein Leben möglich. Die Karawane von Ismaeliten, die vorbeikam, hatte Myrrhe dabei. Wozu brauchte man Myrrhe? Zum Einbalsamieren von Leichnamen. Das Bild des Todes wird so bestätigt. Als Josefs Vater Jakob von der Nachricht erfuhr, sagte er: „Ich werde mit Leid hinunterfahren zu den Toten, zu meinem Sohn" (1. Mose 37,35). Als die Brüder Josef aus der Grube zogen, war das ein Bild für die Auferstehung.

Es gibt viele weitere Beispiele. Hier sei noch ein letztes angeführt. Die Mutter von Mose verbarg ihren Sohn drei Monate. Die Zahl 3 weist auf die Auferstehung hin. Als sie Mose danach in ein Kästlein (im Urtext steht der sonst mit „Arche" übersetzte Begriff) legte und es am Ufer des Nils aussetzte, war das wiederum ein Bild für den Tod. Ein Baby allein in einem Kasten, ausgesetzt in einen Fluss, der von Krokodilen nur so wimmelt, hat keine Überlebenschancen. Und als die Tochter des Pharaos das Kästlein fand und auftat, war dies ein Bild für die Auferstehung.

Wenn wir uns vorstellen, dass ein neuer Erdenbürger auch direkt aus dem Himmel auf die Erde hätte kommen können, ist der Aufenthaltsort in der Gebärmutter, wie der von Jona im Bauch des Fisches, ein Bild, ein Zeichen und ein Schatten für Yeshuas Tod. Damit ist nicht der Tod in der Gebärmutter gemeint, sondern diese „Verborgenheit" in ihr ist ein Bild für Yeshuas Tod und die Geburt ein Zeichen für die Auferstehung.

Yeshua ist der verborgene Same, der drei Tage und drei Nächte in die Erde gelegt worden ist. Wo taucht dieses Prinzip zum ersten Mal auf? In der Schöpfungsgeschichte: „Da ward aus Abend und Morgen der dritte Tag" – und was passierte am dritten Tag? Am dritten Tag sprach YHWH: „Es lasse die Erde aufgehen Gras und Kraut, das Samen bringe ..." Gras kann nur aufgehen, wenn der Same schon in den Boden gelegt worden ist. Genauso ist Yeshua als Same in den Boden gelegt worden, der dann am dritten Tag hervorgerufen wurde.

Das Ungeborene ist in der Gebärmutter von Dunkelheit umgeben und nimmt Licht erst mit der Geburt wahr. Auch dies ist wieder als ein Bild für den Messias zu deuten. Durch den Propheten Jesaja 42,5 sagt YHWH von dem Messias: „So spricht Gott, der HERR, der die Himmel schafft und ausbreitet, der die Erde macht und ihr Gewächs, der dem Volk auf ihr den Odem gibt und den Geist denen, die auf ihr gehen: Ich, der HERR habe dich (den Messias) gerufen in Gerechtigkeit und halte dich bei der Hand und behüte dich und mache dich zum Bund für das Volk, **zum Licht der Heiden,** dass du die **Augen der Blinden öffnen sollst und Gefangene aus dem Gefängnis führen und, die da sitzen in der Finsternis, aus dem Kerker.**" Der Messias öffnet die blinden Augen, führt aus dem Gefängnis und aus der Finsternis. Das Ungeborene kann nicht sehen, sitzt „gefangen" in der Gebärmutter und befindet sich im Dunkeln. Bei der Geburt sieht es Tageslicht, verlässt sein „Gefängnis" und tritt aus dem Dunkel ans Licht. Ist die menschliche Entwicklung nicht ein Schatten auf den Messias? Und erinnert nicht jeder Mensch, der geboren wird, an Seine Auferstehung?

Am Ende bin ich noch immer bei dir

Es ist grandios, dass wir am Ende der Tage diese großartigen Zusammenhänge entdecken dürfen. Ist es ein Zufall, dass wir gerade jetzt diese Entdeckung machen? Nein! YHWH nutzt auch diese Erkenntnis, damit wir zu Ihm und Seinen Unterweisungen in der Torah umkehren. Wir leben jetzt in der Zeit, in der „.... **alles wiedergebracht** wird, wovon Gott geredet hat durch den Mund seiner heiligen Propheten von Anbeginn" (Apostelgeschichte 3,21.) Sein heiliger Prophet Mose hat Seine Feste gebracht und sie werden durch den Geist des Elia neu zum Leben erweckt – jetzt in dieser, letzten Zeit. Wir empfehlen an dieser Stelle, nicht mit der Beschäftigung unserer hebräischen Wurzeln aufzuhören, sondern sich tiefer einzulesen. Viele Christen beginnen zu entdecken, dass sie hier finden, was sie im Tiefsten seit langem suchen – ohne es konkret greifen oder formulieren zu können. Viele, teilweise seit Jahren oder gar Jahrzehnten zur Seite geschobene Fragen finden Antwort und es offenbaren sich befriedigende Zusammenhänge, die wir in unserem Kulturkreis so noch nie in der Lage waren zu erkennen. Somit möchten wir an dieser Stelle noch auf drei weitere Bücher von media!worldwidewings hinweisen, zum einen auf *Voll Öl, voll Licht*", zum anderen auf ein weiteres wertvolles Buch zum Thema "*Torah. Das Ende von Anfang an verkündigt*" sowie auf das Buch von Eddie Chumney "*Die sieben Feste des Messias*".

"Deine Augen sahen mich, als ich noch nicht bereitet war, und alle Tage waren in dein Buch geschrieben, die noch werden sollten und von denen keiner da war. Aber wie schwer sind für mich, Gott, deine Gedanken! Wie ist ihre Summe so groß! Wollte ich sie aufzählen, so wären sie mehr als der Sand: **Am Ende bin ich noch immer bei dir.**" (Psalm 139,16-18)

VII. Geistliche Anwendung

Ruf zur Umkehr

YHWH hat aufgrund von Informationen das ganze Universum geschaffen und erhält es durch Sein Wort. In diesen Informationen sind Gesetzmäßigkeiten enthalten, sowohl auf physischer als auch auf geistlicher Ebene. In Seinem Handbuch zum Leben, der Tenach, und in der Brit Chadaschah erinnert Er uns Menschen ununterbrochen an Seine Unterweisungen und Seine Gesetzmäßigkeiten. Er warnt durch all Seine Propheten ohne Unterlass, wie beispielsweise Hesekiel 20,18-19: „Ihr sollt nicht nach den Geboten eurer Väter leben und ihre Gesetze nicht halten und mit ihren Götzen euch nicht unrein machen; denn ich bin der HERR, euer Gott. Nach meinen Geboten sollt ihr leben, und meine Gesetze sollt ihr halten und danach tun"; Er warnt ganz klar und sagt, was passiert, wenn wir Menschen sagen, dass es für uns zu schwer ist, Seine Gebote und Gesetze zu halten: „Weil sie meine Gebote nicht gehalten und meine Gesetze verachtet und meine Sabbate entheiligt hatten und nach den Götzen ihrer Väter sahen. Darum gab auch ich ihnen Gebote, die nicht gut waren, und Gesetze, durch die sie kein Leben haben konnten" (Hesekiel 20, 24-25).

Wir spüren heute alle, dass sich am Horizont spürbar unheilvolle Entwicklungen abzeichnen, die Gesetze bringen und zum Teil schon gebracht haben, die unsere Freiheit und damit unser Leben beschneiden und wirklich Lasten bedeuten bzw. bedeuten werden. Denken wir beispielsweise an das schrittweise Entwickeln von Kontrollsystemen, wie die Steueridentifikationsnummer, den Chip im neuen Personalausweis, Gesetzesvorlagen zum Verbot des Einsatzes von Heilpflanzen etc. Die Liste der Beispiele könnte man beliebig fortsetzen. Wenn wir nicht umkehren zu Seinen Unterweisungen, und dazu gehört auch das Halten des Schabbats und das Feiern der Feste YHWHs, wird Er nach Seinem Wort in Hesekiel 20,25 uns Gebote geben, die nicht gut sind und Gesetze, durch die wir kein Leben haben werden. Unter dem Druck menschenunwürdiger Gesetze werden wir erkennen, dass Seine Gebote und Unterweisungen gar nicht schwer zu halten sind und dass sie belebend und wohltuend sind. Durch das Zulassen dieser menschlichen Gesetze wird Er den Weizen von dem Unkraut sichten.

Allein in dem Propheten Hesekiel Kapitel 20 wird sechs Mal von der Entheiligung des Schabbats gesprochen. Sechs ist die Zahl des Menschen. Der Mensch hat Seinen Schabbat entheiligt: „Sie lebten nicht nach meinen Geboten und verachteten meine Gesetze, durch die der Mensch lebt, der sie hält, und sie entheiligten meine Sabbate sehr" (Vers 13). Über den Schabbat sagt YHWH: „Ich gab ihnen auch meine Sabbate zum Zeichen zwischen mir und ihnen, damit sie erkannten, dass ich der HERR bin, der sie heiligt" (Vers 12).

Seit dem Konzil von Kaiser Konstantin im vierten Jahrhundert haben wir Christen im allgemeinen viele Seiner Unterweisungen als nicht mehr gültig, irrigerweise als überholt erklärt, allem voran das Feiern Seiner Feste und das Halten Seines Schabbats. Darüber hinaus haben wir uns nach eigenem Denken und Dafürhalten ernährt und weil wir Seine Gebote Jahrhunderte lang ausgeschlagen haben, werden Gebote und Gesetze kommen, die kein Leben für uns haben werden. Ist in Genprodukten noch Leben? Ist in Medikamenten ohne Heilpflanzen noch Leben?

Deswegen ist dieses Buch auch ein Aufruf zur Umkehr, sich aufzumachen und einmal neu Sein Herz zu suchen. YHWH hat von der Tenach zur Brit Chadaschah Seine Vorstellungen niemals grundlegend geändert. Er stellt zum Ende der Tage all das wieder her, was Er ursprünglich beabsichtigt hat, das, was Er aus Seinem Herzen bereits im Anfang offenbart hat. Das, was Gott Seinem Volk an Geboten gibt (damit sind nicht die Opfervorschriften an die Priester gemeint!) ist nichts Lebensfernes: „Denn dieses Gebot, das ich dir heute gebiete, ist nicht zu wunderbar für dich und ist dir nicht zu fern. Es ist nicht im Himmel, dass du sagen müsstest: Wer wird für uns in den Himmel hinaufsteigen und es uns holen und es uns hören lassen, dass wir es tun? Und es ist nicht jenseits des Meeres, dass du sagen müsstest: Wer wird für uns auf die andere Seite des Meeres hinüberfahren und es uns holen und es uns hören lassen, dass wir es tun? Sondern ganz nahe ist dir das Wort, in deinem Mund und in deinem Herzen, um es zu tun" (5. Mose 30,11-14). Könnte es sein, dass wir in Zeiten, wo wir so gut wie allenorts spüren, dass wir in vielen Gemeinden hungrig bleiben, uns einmal ganz unverkrampft und unvoreingenommen dem öffnen sollten, was Er ursprünglich für Seine Menschen auf dem Herzen hatte?

Eben ein Ausrichten hin zu Seinen Unterweisungen und Gesetzen, damit wir im Raum des Lebens bleiben können: „Und wenn ihr diese Rechte hört und sie haltet und danach tut, so wird der HERR, dein Gott, auch halten den Bund und die Barmherzigkeit, wie er deinen Vätern geschworen hat, und wird dich lieben und segnen und mehren, und er wird segnen die Frucht deines Leibes und den Ertrag deines Ackers …" (5. Mose 7,12-13).

In dieser letzten Bewegung, die der Ruach HaKodesch zur Zeit wirkt, kehren weltweit Millionen von Christen zu Seinen Unterweisungen in der Torah um, damit das Wort in Apostelgeschichte 3,21 erfüllt wird: „Er (Yeshua) muss im Himmel bleiben, bis die Zeit kommt, in der **alles wiederhergestellt** wird, wie Gott vor langer Zeit gesagt hat, als er durch die heiligen Propheten sprach. Denn Mose selbst hat gesagt: Adonai wird euch einen Propheten **wie mich** aus euren Brüdern erwecken." Wie mich? Ja, Yeshua, dieser Prophet, hat genau die Botschaft Moses gepredigt! Der Prophet Maleachi spricht genau in unsere Zeit hinein: „Siehe, ich will euch senden den Propheten Elia, ehe der große und schreckliche Tag kommt" (Maleachi 3,23). Und welches ist Elias Botschaft? „Gedenket an das Gesetz meines Knechtes Mose, das ich ihm befohlen habe auf dem Berge Horeb für ganz Israel, an alle Gebote und Rechte" (Maleachi 3,22).

Liegt dieser große und schreckliche Tag hinter uns? Nein, er steht uns noch bevor. Woran können wir dies erkennen? Weil jetzt weltweit durch den Geist des Elias diese Botschaft gepredigt wird: Die Botschaft von der Wiederherstellung des Königreichs. Und welches Königreichs? Das Königreich Davids, bestehend aus den 12 Stämmen Israels unter Einhaltung Seiner Torah. Nicht das Befolgen der Torah errettet, aber nach der Errettung durch Yeshua bleiben wir im Raum des Lebens durch das Beachten der Torah. Welche Gemeinde aus der Offenbarung wird aus der Zeit der Drangsal bewahrt werden? Die Gemeinde in Philadelphia. Und warum? Weil Yeshua zu ihr sagt: „Ich weiß, dass du nur wenig Macht hast, doch du hast meiner Botschaft (meinem Wort) **gehorcht** und mich nicht verleugnet. Weil du meiner Botschaft über das Ausharren gehorcht hast, werde ich dich vor der Zeit der Drangsal bewahren, die über die ganze Welt kommt, um die Menschen, die auf Erden leben, auf die Probe zu stellen." Ob Pre-, Mid- oder Pasttrib (sprich Entrückung) sei dahingestellt. Es geht darum, **Seinem Wort gegenüber gehorsam** zu sein, **um dann** vor der Zeit der Drangsal bewahrt zu werden. Diese Bewahrung ist kein Automatismus, wie das in vielen Entrückungslehren dargestellt wird. Eine der größten Lügen Satans, die er inmitten des Weizenfeldes gesät hat, ist, dass das ewige Wort YHWHs, geoffenbart in der Torah, nicht mehr gültig sei. Das Neue Testament, Berit Chadaschah, widerlegt diesen Irrtum eindeutig:

„Glaubt nicht, dass ich gekommen bin, die Torah oder die Propheten aufzuheben. Ich bin nicht gekommen aufzuheben, sondern zu vervollständigen. Ja wahrhaftig! Ich sage euch, dass, bis Himmel und Erde vergehen, nicht ein Jud oder ein Strichelchen aus der Torah vergehen wird – nicht bis alles, was geschehen muss, geschehen ist" (Matthäus 5,17-18).

Sind Himmel und Erde schon vergangen? Nein – wir leben noch. Und der einzige (!) Imperativ, den Yeshua Seinen Jüngern für die Zeit gibt, in der wir jetzt leben, ist: „Wenn aber diese Dinge anfangen zu geschehen, so blickt auf und hebt eure Häupter empor, weil eure Erlösung naht" (Lukas 21,28). Er wird in nicht mehr allzu ferner Zeit als Messias, als zum König Gesalbter kommen. Gleichzeitig kommt Er als königlicher Bräutigam zu Seiner Braut. Und Er wird die Dinge so wiederherstellen, wie Er es sich von Anfang an vorgestellt hat – deswegen ist es jetzt an der Zeit, sich zu Seinen ursprünglichen Absichten hin auszurichten. Dabei werden wir, womit sich der Kreis schließt, sehr bald in die Anfangs geschilderten Bereiche von Anbetung hineinkommen – wenn Sein Wort redet, spricht Er; und jemandem Zeit zum Reden zu geben, ist Wertschätzung. Und wir werden in dieser Anbetung in ein völlig neues Staunen über die Tiefe Seines Wortes und damit über Ihn selbst kommen – ein Balsam, ein unbezahlbares Geschenk in der heutigen Zeit. Gelobt sei Er!

Den Geist des Ungeborenen segnen

Aus all dem Gesagten lässt sich abschließend eine weitere praktische, geistliche Anwendung ableiten. Wie kann der Psalmist im Psalm 71,6 sagen, dass er sich von Mutterleibe an auf YHWH verlassen hat? Wie kann sich eine entstehende Materie, die sich Schritt für Schritt entwickelt, auf YHWH verlassen? Wie kann Johannes der Täufer bei der Ankunft von Maria, die mit Yeshua schwanger ist, im Leib seiner Mutter Elisabeth vor Freude hüpfen? „Denn sobald der Klang deines Grußes meine Ohren erreichte, hüpfte das Kind in meinem

Schoß vor Freude!" (Lukas 1,44). Wie kann YHWH zwei ungeborene Zwillinge im Mutterleib gegeneinander treten lassen, als Vorschattung zweier miteinander im Konflikt liegender Nationen? „Und der HERR sprach zu ihr: Zwei Völker sind in deinem Leib, und zweierlei Volk wird sich scheiden aus deinem Leibe; und ein Volk wird dem andern überlegen sein, und der Ältere wird dem Jüngeren dienen" (1. Mose 25,22-23).

Wie kann eine Materie, die gebildet ist, so reagieren? Wir wissen aus Berichten von Menschen, die tot waren und ins Leben zurückgekehrt sind, dass sie sich lebhaft an einzelne Vorgänge, wie beispielsweise ihre eigene Operation, erinnern konnten. Wie kann ein toter Körper sich erinnern, Farben sehen und Gerüche wahrnehmen? Es ist in beiden Stadien, sowohl vor der Geburt als auch nach dem Tod, der Geist eines Menschen, der hier reagiert.

YHWH gibt den Geist in einen Menschen hinein, lange bevor dieser sich körperlich zu formen beginnt. Der Geist des werdenden Menschen hat mindestens eine Vorlaufzeit von Wochen und Monaten: „Denn welcher Mensch weiß, was im Menschen ist, als allein der **Geist des Menschen, der in ihm ist**" (1. Korinther 2,11).

In den Geist des Ungeborenen spricht YHWH Berufungen hinein, wie beispielsweise die von Jeremia: „Ich kannte dich, ehe ich dich im Mutterleib bereitete, und sonderte dich aus, ehe du von der Mutter geboren wurdest, und bestellte dich zum Propheten für die Völker" (Jeremia 1,5). Wenn YHWH, der Geist ist, zum Geist eines Ungeborenen sprechen kann, dann können wir das durch unseren wiedergeborenen Geist auch, als Priester YHWHs. Wir als Eltern,

Großeltern, Geschwister und Freunde können den Geist eines Ungeborenen ansprechen und ihn segnen, damit der künftige Körper und dessen Seele ein gutes Zuhause für den Geist werden und sich damit bereitwillig der Führung des Geistes unterordnen. Wir können beten, dass der Geist des Ungeborenen sich nach den Plänen des himmlischen Vaters ausstreckt und sein irdisches Zuhause so führt und leitet, dass Geist, Körper und Seele in Einheit leben werden. Wir können durch das Vorlesen der Torah, die Gesetze und Unterweisungen YHWHs in den Geist des zu erwartenden Kindes hinein sprechen und ihn mit dem Segen YHWHs segnen. Wenn wir in den Festen des Jahreskreislaufes von YHWH wandeln, können wir das Ungeborene mit hineinnehmen und seinem Geist von den Verabredungen YHWHs mit den Menschen erzählen. Wir können den Geist durch lebendige Speise, d. h. durch das Wort YHWHs, füllen und ihn auf das kommende Königreich mit Seiner königlichen Gesetzgebung, der Torah, vorbereiten. Wir können den Geist des werdenden Kindes mit der Wahrheit YHWHs krönen und so in dem Ungeborenen bereits ein geistliches Zuhause bauen. „Uns aber hat es Gott offenbart durch seinen Geist; denn der Geist erforscht alle Dinge, auch die Tiefen der Gottheit" (1. Korinther 2,10) .

Eine faszinierende und gewaltige Herausforderung, die wir im Geist und durch den Geist annehmen können: Segnen wir die nächste Generation, ehe sie das Licht der Welt erblickt – mit Seinem Licht!

Ein mögliches Gebet:

„Du kleines Wesen in mir (oder in [Namen einfügen] ....)
ich rufe Deinen Geist hervor. Ich segne Deinen Geist mit dem
siebenfältigen Geist meines Königs. Auf Dir wird ruhen der Geist
YHWHs, der Geist der Weisheit und des Verstandes, der Geist des
Rates und der Stärke, der Geist der Erkenntnis und der Furcht
YHWHs. Dein Geist wird die Führung in Deinem irdischen Körper
und für Deine Seele übernehmen und Du wirst in den Wegen und
Berufungen YHWHs wandeln. Du wirst Dich von allen Torah-losen
Wegen abwenden, ich segne Dich mit der Gabe der Geistesunter-
scheidung. Erfreue Dich an Seinen Schabbaten und versäume
Seine Verabredungen nicht. Sei ein starker Held für Deinen König.
Ich segne Dich mit der Gunst YHWHs."

VIII. Anhang

Fußnoten

Coverfoto

http://www.shutterstock.com/
   pic-30330019/stock-photo-hand-keeping-fetus-on-blue-background.html

Seite 3: http://de.wikipedia.org/wiki/Datei:Views_of_a_Foetus_in_the_Womb.jpg

Verwendete Begriffe

1) A Hebrew and English Lexicon of the Old Testament, 1906, zitiert in: Jenni/Westermann: Theologisches Handwörterbuch zum Alten Testament, Bd. I, S. 703

I. Vorbemerkungen

1) Das Fest der Tempelweihe gehört nicht zu den Festen, die YHWH in 3. Mose 23 aufzählt. Dennoch war Yeshua zum Fest der Tempelweihe im Tempel. Chanukka, wie das Fest der Tempelweihe genannt wird, spricht vom Kampf gegen den Geist des Humanismus. Bis heute ist Chanukka das Symbol der Auseinandersetzung mit dem humanistischen Zeitgeist, der in Antiochus Epifanes seinen Ausdruck fand. Die Chanukka-Geschichte ist ein prophetischer Vorläufer für die Endzeit. Sie ist somit für uns heute wieder aktuell, denn Antiochus ist ein Vorläufer des Antichristen.

II. Grundlegendes
YHWHs Beziehung zur Gebärmutter und zum Ungeborenen

1) Unter einem „Fötus" (lateinisch fetus, „die Brut", „Nachkommenschaft") ist ein Embryo nach Ausbildung der inneren Organe während der Schwangerschaft zu verstehen.

2) zitiert aus: Katharina Zimmer: Das Leben vor der Geburt, Herausgeber: Der Bundesminister für Jugend, Familie, Frauen und Gesundheit, 1987

YHWH macht alles zu Seinem Zweck

1) Theological Wordbook of the Old Testament. Hg. Laird Harris, Gleason L. Archer, Jr., Bruce K. Waltke. S. 636

Alles hat seine Zeit

1) http://www.levitt.tv/media/watch/516

2) Rabbi Ralph Messer: Torah in the Womb; DVD, Simchat Torah Beit Midrash, 2008

Yeshua, der Schöpfer von Himmel und Erde

1) Schechinah ist der hebräische Begriff, der die Herrlichkeit Gottes zum Ausdruck bringt.

2) Im Hebräischen wird der Akkusativ generell dadurch gekennzeichnet, dass dem ersten Fall (Nominativ) ein „et" vorangestellt wird; als Vokabel steht et für „mit" (Theologisches Handwörterbuch, S. 260.). Es gibt aber viele Schriftstellen, in denen das et unabhängig davon auf Yeshua bezogen eingefügt worden ist, und zwar in der Bedeutung „Aleph – Taw".

Torah

1) Hervorgehoben von H. S. In der Einleitung zu Sterns Übersetzung des Neuen Testaments erläutert er seine Wahl des Begriffs „vervollständigen" in diesem Vers. Das griechische Wort plerosai wird gewöhnlich mit „füllen" wiedergegeben; in Matthäus 5,17 steht in den meisten Übersetzungen jedoch „erfüllen". Er wählt den Begriff „vervollständigen" aufgrund des Kontextes – der Bergpredigt. Matthäus 5,17 ist, so Stern, „ihr Kernsatz". Vgl. Das Jüdische Neue Testament, eine Übersetzung des Neuen Testaments, die seiner jüdischen Herkunft Rechnung trägt. Von David H. Stern. Stuttgart: Hänssler, 1994. S. XXV.

2) „Gebote", „Anweisungen"

Foto: http://www.istockphoto.com/stock-photo-3222425-unborn-ermbryo-with-placenta.php

III. Einführung

Die Feste YHWHs

1) Strong's Concordance with Hebrew and Greek Lexicon:
http://www.eliyah.com/lexicon.html

2) Theologisches Handwörterbuch zum Alten Testament. Zwei Bände. Hg. von Ernst Jenni unter Mitarbeit von Claus Westermann. Bd. I. München: Chr. Kaiser Verlag; Zürich: Theologischer Verlag, 1976, S. 92.

3) Ebd., S. 94 und 95.

Seine Kreisläufe

1) Albert Einstein in: A. Einstein-M. Besso, Correspondence 1903-1955, Paris 1972, S. 538 (zitiert nach Fritzsch, Harald: Die verborgene Raum-Zeit. Newton, Einstein und die Gravitation. Piper, 1996. S. 243.

2) Harris/Gleason/Waltke, Theological Wordbook of the Old Testament. Bd. II, S. 644.

IV. Eine Gegenüberstellung der Feste YHWHs und der Trimester der Schwangerschaft

Foto: http://www.istockphoto.com/stock-illustration-11190311-embryo.php

Der Zyklus einer Schwangerschaft

Foto: http://www.istockphoto.com/stock-photo-2684830-embryo.php

Auszug in Eile

Foto: http://www.shutterstock.com/pic.mhtml?id=47584525

Die Risiken einer Reise

http://www.shutterstock.com/pic-34326466/stock-photo-sperm-cells-trying-to-reach-an-human-ovum-digital-illustration.html

http://www.istockphoto.com/stock-photo-1108399-beginning-of-life.php

Die eigentliche Konzeption

http://www.shutterstock.com/pic-64582636/stock-photo-spermatozoons-floating-to-ovule.html

http://www.shutterstock.com/pic-47685598/stock-photo--d-rendered-human-zygote-on-cell-stage.html

Auszug aus Ägypten

Foto: http://www.istockphoto.com/stock-photo-8127100-follow-the-leader.php

Das Wunder bei der Durchquerung

1) http://www.focus.de/gesundheit/baby/schwangerschaft/befruchtung/
spermien_aid_26947.html

Skizze 1: http://de.wikipedia.org/wiki/Menstruationszyklus

Skizze 2: http://de.wikipedia.org/wiki/Eileiter

Das Fest der Erstlingsfrüchte – Einnistung

Das Fest der Erstlingsfrüchte

1) Eddie Chumney: Die sieben Feste des Messias, 2011, media!worldwidewings

Einnistung

1) http://www.focus.de/gesundheit/baby/schwangerschaft/befruchtung/befruch-
tetes-ei_aid_26949.html

2) http://www.frauenaerzte-im-netz.de/de_geschlechtsorgane-innere-
geschlechtsorgane_574.html

Omerzählen – frühe Entwicklung

http://www.shutterstock.com/pic-1131117/stock-photo-human-embryo-growing-in-
body.html

Foto (Dottersack), Genehmigung der Fotoübernahme vom Verein „Ja zum Leben",
Schweiz

Schawuot – vom Embryo zum Fötus

Genehmigung der Fotoübernahme vom Verein „Ja zum Leben", Schweiz

Jom Terua – Gehörorgane

1) Eddie Chumney: Die sieben Feste des Messias, 2011, media!worldwidewings

Foto: http://www.istockphoto.com/stock-photo-2727103-embryo-portrait.php

Jom Kippur – Blut

1) Eddie Chumney: Die sieben Feste des Messias, 2011, media!worldwidewings

Foto: http://www.shutterstock.com/pic-66564880/stock-photo-many-red-erythro-
cytes-floating-on-an-artery.html

2) http://wunderweltleben.blogspot.com/
2007/11/wer-strker-zieht-gewinnt-proteine.html

Chanukka

1) http://de.wikipedia.org/wiki/Chanukka#Chanukka-Br.C3.A4uche

Bildergalerie eines Neugeborenen

Fotos:

www.shutterstock.com 15565633

http://www.shutterstock.com/pic-13161304/stock-photo-sweet-baby-sleeping.html

http://www.shutterstock.com/pic-17748277/stock-photo-portrait-of-very-small-kid.html

http://www.shutterstock.com/pic-66553729/stock-photo-mother-s-hands-holding-a-newborn-baby.htm

V. Die verborgene Wirklichkeit – Gedanken zur Quantenphysik

1) Chopra, Deepak: Dein Heilgeheimnis, Haug Verlag, München 1995, Seite 23

2) Max Planck, aus einem 1929 im Harnack-Haus gehaltenen Vortrag; unveröffentlichtes Manuskript

3) A. Bucky: Der private Einstein, Seite 159

4) Gregg Braden: Im Einklang mit der göttlichen Matrix, Koha 2009, Seite 85

Folgende Zitate liegen einem Vortrag von Wolfgang Leisenberg zugrunde: DVD, siehe 9)

5) Thomas und Brigitte Görnitz: Die Evolution des Geistigen, Vanderhoek & Ruprecht, 2009, Seite 139

6) Anton Zeilinger: Einsteins Schleier – Die Neue Welt der Quantenphysik, C. H. Beck 2003, Seite 217

7) Horst W. Beck: Geist-Wort-Materie, 2001, Seite 10

8) Lothar Schäfer: Versteckte Wirklichkeit; Hirzel 2004, Seite 15

9) Wolfgang Leisenberg: Die verborgene Wirklichkeit – wie die moderne Quantenphysik die Brücke zum Jenseits schlägt, 21. Informatikertagung Krelingen 2010

10) Thomas und Brigitte Görnitz: Die Evolution des Geistigen, Vanderhoek & Ruprecht, 2009

11) F. H. Baader: Die Geschriebene, Teil 2, 1998

Foto: http://www.shutterstock.com/pic-49226185/stock-photo-render-of-dna.html

VI. Die Weisheit der Torah im Mutterleib

Prinzipien der Schöpfungswoche

Foto: http://www.istockphoto.com/stock-photo-7007259-the-beginning.php

Foto: Genehmigung der Fotoübernahme vom Verein „Ja zum Leben", Schweiz

Foto: http://www.shutterstock.com/pic-19364314/stock-photo-fetus.html

Gliederung der Tenach

Torah („Fünfbuch") – 5 Bücher Mose

Bereschit – Anfänge (Das erste Buch Mose)

Schemot – Auszug (Das zweite Buch Mose)

Wajjikra – Priestertum (Das dritte Buch Mose)

Bemidbar – Wüstenzug (Das vierte Buch Mose)

Debarim – Rückschau (Das fünfte Buch Mose)

Nebiim Rischonim (Historie)

Jehoschua (Das Buch Josua)

Schofetim – Richter (Das Buch der Richter)

Schemuël I (Das erste Buch Samuel)

Schemuël II (Das zweite Buch Samuel)

Melachim I – Könige I (Das erste Buch der Könige)

Melachim II – Könige II (Das zweite Buch der Könige)

Nebiim Aharonim (Propheten)

Jescha'jahu (Jesaja)

Jirmejahu (Jeremia)

Jeheskel (Hesekiel)

Hoschea (Hosea)

Joël (Joel)

Amos (Amos)

Obadja (Obadja)

Jona (Jona)

Micha (Micha)
Nahum (Nahum)
Habakkuk (Habakuk)
Zefanja (Zefanja)
Haggai (Haggai)
Secharja (Sacharja)
Mal'achi (Maleachi)

Ketubim (Schriften)
Tehillim (Die Psalmen)
Mischle – Sprüche (Die Sprüche Salomos/Sprichwörter)
Ijob (Hiob)
Schir HaSchirim (Das Hohelied Salomos)
Rut (Rut)
Echa – Klagelieder (Die Klagelieder Jeremias)
Kohelet (Der Prediger Salomos)
Ester (Ester)
Danijel (Daniel)
Esra (Esra)
Nehemja (Nehemia)
Dibre Hajamim I – Zeitbegebenheiten I (Das erste Buch der Chronik)
Dibre Hajamim II – Zeitbegebenheiten II (Das zweite Buch der Chronik

Literatur/DVD

Theological Wordbook of the Old Testament. Hrsg.: Laird Harris, Gleason L. Archer, Jr., Bruce K. Waltke.

Das Jüdische Neue Testament. Eine Übersetzung des Neuen Testaments, die seiner jüdischen Herkunft Rechnung trägt, von David H. Stern. Stuttgart: Hänssler, 1994.

Die Heilige Schrift. Ins Deutsche übertragen von Naftali Herz Tur-Sinai, Neuhausen-Stuttgart: Hänssler-Verlag, 1993.

Theologisches Handwörterbuch zum Alten Testament. Zwei Bände. Hg. von Ernst Jenni unter Mitarbeit von Claus Westermann. Bd. I. München: Chr. Kaiser Verlag; Zürich: Theologischer Verlag, 1976.

Albert Einstein in: A. Einstein-M. Besso, Correspondence 1903-1955, Paris 1972, S. 538 zitiert nach Fritzsch, Harald: Die verborgene Raum-Zeit. Newton, Einstein und die Gravitation. Piper, 1996.

Rabbi Ralph Messer: Torah in the Womb; DVD, Simchat Torah Beit Midrash, 2008.

Webseiten

http://www.focus.de/gesundheit/baby/schwangerschaft/befruchtung/befruchtetes-ei_aid_26949.html

http://www.focus.de/gesundheit/baby/schwangerschaft/befruchtung/spermien_aid_26947.html

http://www.theyeshiva.net/Article/View/18/The-Angel-in-the-Marble

http://wunderweltleben.blogspot.com/2007/11/wer-strker-zieht-gewinnt-proteine.html

http://www.frauenaerzte-im-netz.de/de_geschlechtsorgane-innere-geschlechtsorgane_574.html

http://www.levitt.tv/media/watch/516

http://de.wikipedia.org/wiki/Eileiter

BUCHEMPFEHLUNG

aus dem Verlag media!worldwidewings

Eddie Chummney: Die sieben Feste des Messias

Der prophetische Kalender seines Kommens

[Paperback] media!worldwidewings

Best.Nr.: 889087, ISBN: 9783981221176, 200 Seiten · € 12,80

Eddie Chumney beleuchtet eines der faszinierendsten und vielleicht am wenigsten verstandenen Themen in der Bibel: die Feste des Messias, wie in 3. Mose beschrieben. Die Feste sind prophetische Bilder für das erste und zweite Kommen des Messias und führen in eine neue Dimension einer persönlichen Beziehung zu YHWH.